U0938449

潮北京

CHIC BEIJING

北京網紅打卡地攻略（精選本）

北京廣播電視台 編著

目錄

001 古韻

067 藝術

01

五道營胡同
前門大街
長城
北京鐘鼓樓
西打磨廠街
和平菓局

Beijing
古韻

五道營胡同

市井煙火繚繞
小清新

文　毛路

DIO'S
WINE ROOF
Monday-Thursday
14:00-24:00
Friday-Sunday
14:00-02:00
五道营65号屋顶花园
O'S WINE ROOF

北京的許多地名乍聽都平平無奇，談不上有什麼美感，但背後往往大有來頭。據史料記載，徐達攻佔元大都後，為防禦元朝殘餘勢力反攻便在安定門以西修築了一道土城牆。後來，這道城牆就成了北京城北部的邊界。當時守衛安定門的部隊是右軍都督府下屬的武德衛，於是被稱作“武德衛營”。清代，滿族人依照“武德”的發音改名為“五道營”。從此，五道營正式成為此胡同的名稱。清朝的統治穩定之後，越來越多的居民搬到了這裏居住，軍營也就慢慢變成了民宅。到了民國時期，五道營的居住人口已經非常稠密。

和聲名在外的南鑼鼓巷、煙袋斜街、琉璃廠等胡同不同，

五道營胡同是一點一點“營造”起來的。大多數來北京生活或工作的外國人，喜歡住在胡同裏。他們避開南鑼鼓巷、煙袋斜街等熱門景點，來到五道營居住，在這裏開個咖啡館或者酒吧，漸漸地，便形成了規模，嗅覺敏鋭的中國店家也隨之紛紛入駐。久而久之，便形成了頗具特色的胡同。

這裏不像南鑼鼓巷那樣遊客如織，也不像有的胡同業態單一。在“北京文化”的官網上，有這樣一段動人的描述：

“……未開發之前的五道營，基本全是住家。清早，吃一頓熱氣騰騰的豆漿油條，趕個早市拎點新鮮蔬果，五道營的一天便從這裏開始。大家街頭巷尾碰見，便三五成群地湊堆兒，

聊起天來，聊著聊著，下午時光也在清閒安適裏逐漸過完。這裏的生活藏在煙火氣中。一遇喜事節慶，舞龍舞獅的隊伍隨鑼鼓躥進了胡同，不論男女老少，都齊刷刷擁到街巷口，把這熱鬧湊上一湊。"

如今這樣的光景難以再尋，但在五道營仍然可見濃郁的生活氣息。五道營胡同大多是前店後院的格局，早上可以看到穿著老布鞋、端著搪瓷大碗出門買豆腐腦的大媽，晚上可以見到搖著蒲扇、穿著背心散步的大爺；拐進某個胡同口，也許就能看到孩子們在嬉戲、老人含飴弄孫。

不到 700 米長的五道營胡同，佈滿了特色鮮明的餐飲小店、文藝清新的咖啡館、小而美的酒吧、精緻多樣的文創店。不同於那些過度商業化的街市，滿耳店員喧囂的叫賣聲以及趕集般的遊客，這裏一切都很慢，店舖經營者很慢，遊客很慢，時光也很慢。

在雍和宮燒完香拜了佛，逛了國子監，時間來到下午，你就可以走進五道營，找家飲品店小憩，度過下午時光。

你也可以去葡萄酒屋頂花園，來一杯葡萄酒。這是一家地中海風格的清吧，蔚藍色的門框

窗戶圍欄、白藍色的陽台，一股濃濃的地中海海洋風情撲面而來。這家店 2008 年開業，是最早進駐五道營的店鋪之一，被網友們稱為“門店擔當”。該店最有特色的是有一整面牆的葡萄酒任顧客挑選。不懂怎麼選擇也沒有關係，可以讓老闆推薦。

若你是秋天來，最好不過。挑一款小眾的葡萄酒，坐在二樓臨街的陽台上，任慵懶的貓咪跳上膝頭，秋天溫煦的陽光灑在身上，看街上人來人往。聽著爵士樂，喝酒擼貓，人生快意。

有家名叫 GUNPOWDER 的店也不能錯過。這家店主打“康普茶”健康氣泡茶飲品和養生雞尾酒。康普茶不是傳統意義上的茶，它是由茶水加糖，再加入紅茶菌種，經過 7~20 天發酵而成的帶有氣泡的低酒精飲品，喝起來酸酸甜甜有氣泡，是一款健康養生的夏日快樂水。將康普茶與酒結合的養生雞尾酒，也是他們家的一大特色。

MIZU LABORATORY
20
Opening Hours
10:30-22:00
Tel:15510540033
冬装清货
价格超值

如果不喜酒精飲品，那麼就喝杯咖啡吧。“Wake Me Up Coffee”是個不錯的選擇。白牆、白門，很有上海弄堂咖啡風格，店舖 LOGO 是一隻打著蝴蝶結領帶的貓頭。店舖面積不大，僅設 10 個座位，設計很 ins 風。老闆是個咖啡愛好者，做起咖啡慢條斯理，一絲不苟，彷彿在打磨一件藝術品。老闆很健談，和他聊天可以獲得很多咖啡知識。

小歇之後，想逛文創店，買件手辦回去做紀念或送人，“餅餅家”是個不錯的選擇。顧名思義會以為這是家做餅的店吧？錯了，這是家做絲巾的 DIY 手工店。顧客可以自選顏料，勾畫圖案，然後拓到絲巾上。上色、洗滌、熨燙，一趟操作下來，非常有趣。

逛完文創手工店，到了晚飯時間，可以來燦都東南亞餐館吃地道的越南菜。餐館最大的吸引點是在二樓餐廳，這裏可以看見雍和宮的大屋頂。一邊品味著美味的菜餚，一邊看落日餘暉打在雍和宮紅黃相間的屋頂。群鴉乍起，別有一番意境。

到了晚上，必須得來藏在五道營胡同深處的“搖滾聖地”——School。這裏是代表搖滾圈搖滾樂 live house 的一個標誌性場所——搖滾青年的聚集地。你知道的和你不知道的搖滾樂隊基本上都來過這裏演出，最知名的當然是老闆和他的 Joyside 樂隊。

就是這麼一條短短的、不到 700 米長的胡同，卻藏著許多“寶藏店”。每家店都會讓你驚喜不已，流連忘返。

前門大街

六百年人間煙火
漫捲到如今

文　盛蕾

北京城內城 9 門、外城 7 門的“凸”字形佈局形成距今已有 600 餘年歷史。在這 600 餘年歷史的金戈鐵馬裏，若要尋一處洋溢著人情世故的煙火漫捲之地，那首選前門大街——這裏是北京中軸線上商賈文化、建築文化、會館文化、梨園文化、民俗文化最為集中的區域。

我爺爺小的時候

常在這裏玩耍

高高的前門

彷彿挨著我的家……

——當這熟悉的旋律響起時，很多北京人的記憶會隨著歌聲被喚醒。

我小時候曾坐在我爸二八自行車的前樑上，穿行長安街，來到前門大街，去給家鄉的長輩們買點心和我愛吃的小零嘴。那個時候，前門大街對我來說，是用糖果紙、糖葫蘆、小髮卡和小玩具填滿的"小確幸"，充滿了豐富、新鮮和誘惑……那個時候，我老爸問我：長大了想做啥？我脫口而出："想開個雜貨鋪！嘿嘿。"

前門大街，曾被稱為“皇帝門前第一街”。明嘉靖二十九年（1550）未建外城之前，前門大街是皇帝出皇宮的御道，這裏走過明、清皇帝祭祀天壇、先農壇的儀仗。隨著明朝擴建外城，前門大街因緊鄰紫禁城，便成了北京城裏寸土寸金之地。這裏人來貨往，商賈雲集，熱熱鬧鬧地延續了幾百年。《燕京雜記》中曾這樣描述前門的商業景象：“京師店市，素講局面，雕紅刻翠，錦窗繡戶，招牌至有高三丈者。夜則燃燈，數十紗籠角燈照輝如白日。其在東四牌樓及正陽門大柵欄尤為卓越。”

北京的中軸線是北京城的“脊樑骨”，前門大街正位於北京中軸線上，北起前門月亮灣，南至天橋路口，與天橋南大街相連。全長 845 米，明、清至民國時皆稱“正陽門大街”，1965 年才正式定名為“前門大街”。每天，隨著鐘鼓樓的鐘聲敲響，底蘊厚重的前門大街老字號顯露光彩，一幅老北京市井風情圖便徐徐展開……

乾嘉時俞青源在《春明叢談》中描繪前門大街的熱鬧：“珠市當正陽門之衝，前後左右計二三里，皆殷商巨賈，前門大街設市開廛。凡金銀珠寶以及食貨如山積，酒榭歌樓，歡呼酣飲，恆日暮不休。”清末，前門大街已有夜市。光緒二十七年（1901）後，在前門箭樓東西兩側設立了前門火車站東站、西站，前門大街便成為北京同外省聯繫的交通樞紐。

再説説那些耳熟能詳的老字號。咸豐五年（1855），這裏開設了“便宜坊烤鴨店”；同治三年（1864）肉市開設了“全聚德掛爐烤鴨店”；“都一處”飯館傳説就是乾隆皇帝來這裏吃了燒賣説了句誇獎的話而得名。光緒年間這裏還有“致美齋”的餛飩、“九龍齋”的酸梅湯、“六必居”的醬菜、“正明齋”的滿漢糕點等著名食品商店。民國以後，以賣醬羊肉聞名的“月盛齋”也遷到前門大街。放眼前門大街，一字排開的全是上百年歷史的老招牌。除了上面提到的那些，還有瑞蚨祥綢布店、長春堂藥店、內聯升鞋店、張一元茶莊等 16 處老字號分列道路兩側。

但歷史常有轉折興衰，所幸經過幾個歷史時期的重建後，這裏依舊繁華。

每到正午時分，每家飯館都有一兩個夥計站在店門口招徠過往行人，吆喝聲此起彼伏。前門的吃食，既有皇家御膳的精美，又有質樸實在的家常口味。兩分錢的大碗茶，其貌不揚卻透心爽的甘甜味兒——粗瓷碗，大葉茶，那是一段歷史的記憶，飄盪著人間情意的馨香。

在這條街上，若要說幾個“明星”舖位，那“老舍茶館”是非常必要說一說的：老舍茶館是以人民藝術家老舍先生及其名劇《茶館》命名的，建於 1988 年。當時正是中國改革開放的大門剛向世界打開不久，老舍茶館因為濃濃的中國味道，成為外國遊客了解中國傳統文化的一個窗口。美國前總統布什、前國務卿基辛格，俄羅斯前總理普里馬科夫，日本前首相海部俊樹、中曾根康弘，泰國公主詩琳通等都曾是這裏的座上客。

老舍茶館是傳統茶館中的佼佼者，無論是在形式上還是在功能上都繼承和保留了京味茶館的韻味：古樸的環境、木製的廊窗、中式硬木家具，以及細瓷蓋碗、牆上懸掛著的各式宮燈，都透著十足的北京風格。在這裏不僅可以品嚐到正宗宮廷細點和北京風味小吃，還可以在兩個多小時的演出中，欣賞到戲曲、京韻大鼓、雜技、舞蹈等十幾種藝術門類的演出。

如今的前門大街，依舊保留著舊時光在這裏種下的痕跡。漫步在重開張的大柵欄步行街，道路兩側的建築物色調、風格實現了統一，盡顯古香古色，最大限度地還原和展現了前門大柵欄地區獨有的傳統商業特色。

前門大街主幹道上，穿行著百年鐺鐺車，大街上依舊生長著百年老字號，但同時，新時代的新地標、新元素也如雨後春筍般生長了出來——“北京坊”出現了，它在清代“勸業場”的基礎上，把廊房頭條西河沿這些街巷，變身成高品位的時尚商業區，統稱為北京坊。這裏已成為北京文化繼往開來的勝地，一年一度的“北京十月文學月”主場活動在這裏舉辦，文壇巨匠雲集，是北京文學愛好者嚮往的文學高地。而北京坊裏的 Page One 書店因其獨特的景觀視角而成為網紅拍照打卡地。在這裏，既可以看書享受慢時光，又可以欣賞落地窗外，正陽門箭樓、城樓、毛主席紀念堂、原前門火車站，視角無敵。

杜莎夫人蠟像館出現了，它融合了京味兒特色與英倫風情，不僅匯聚了來自世界各地的名人巨星，更有古往今來的中國歷史名人，它是架設在中國與世界之間的橋樑。

“北京大城小像”出現了，它通過打造交互式微縮景觀和沉浸式聲光特效，帶領遊客穿越 1：24 比例復原的元、明、清、民國、現代的北京城……

還有很多很多屬於前門大街的新生代“潮”元素、“潮”

生活在這裏孕育綻放：傳統文化在這裏獲得創造性轉化，京味兒民俗在這裏獲得創新性展示——故宮冰窖餐廳，讓最強文化IP首次走出紫禁城；天街冰冰文創冰棍掀起網紅打卡熱潮；吳裕泰茶葉製作的冰淇淋茶香鮮爽；獨闢蹊徑的香水小店，則是必須探秘的氣味博物館……前門大街古老又現代，它永遠牽引著我的好奇心，讓我不斷地來這裏體味和探秘。

走累了，可以在中國書店靜靜地讀一本書，也可以聽一場潮流音樂會，逛逛周邊的博物館，去創意國潮市集中淘寶……在前門大街，既可以為嚮往傳統京味兒文化的心找到歸宿，也可以感受時下潮流的消費生活——如今的前門大街，依舊是北京市民煙火漫捲的"臟腑之地"。

記得上大學那會兒，一位要好的閨蜜興奮地約我在前門的中國第一家肯德基見面。那個時候，美國快餐肯德基進入中國市場不久，北京前門大街西側的正陽市場開了全國第一家店，這在當時年輕人心中是潮流的代表。那天中午，我們如約在肯德基前門店見面了。她帶著大學初戀男友出現在我面前，讓我驚喜非常。那個中午的時光真是美好！15年後，閨蜜來北京出差，我們又相約在前門見面，當我們從前門大街散步到當年相聚的肯德基時，我們停下了腳步，靜靜佇立在那裏。

"這裏還是那麼繁華，但這家肯德基店好像變小了啊。"

"可是，我們的青春曾在這裏停留過。"

值勤岗台

長城

親近偉大城牆的三種方式

文　辛酉生

20 世紀 80 年代，北京旅遊有句口號叫作“不到長城非好漢，不吃烤鴨真遺憾”。長城和烤鴨成為北京的標誌，代表了旅行中兩個最重要的元素：玩和吃。不知當年有多少遊客受這句話感召，爬上長城一覽眾山小，再飢腸轆轆趕回城裏大嚼烤鴨，做完這兩件事，北京一遊也差不多圓滿了。

1979 年，美國記者詹姆斯．安丹森在長城上遞給 8 歲的小男孩黑建濤一罐可樂，並為他拍下一張照片。小男孩在長城喝可樂的照片登上《國家地理》雜誌，傳遍全球。長城是古老中國的象徵，紅色可樂透露出現代氣息，當兩者同框，意味著古老的國度與世界重新接駁。八達嶺長城是北京長城中最著名的一段。登八達嶺長城，要先衝過八達嶺高速的擁堵，然後是景區人流的擁堵。2020 年夏日，我發現了一種“與長城同框”更有趣的玩法。

當紅日將墜，海量車流從八達嶺回城，“享受”超級晚高峰的時候，你可以逆潮流而動，直奔八達嶺而去，到達景區，已是新月初升。2020 年 8 月 8 日，北京長城文化節在八達嶺長城開幕，活動持續兩個月，每週五、週六八達嶺長城向預約遊客開放夜遊，每天限流 300 人。正因為有限流，幾百人散到空曠的長城上，感受分外不同。搖曳燈光下，抬頭看看中天明月，聽風吹過山谷，感覺格外不同。

離開景區前，一定不要忘記到“長城禮物商店”轉轉，這可是北京 100 家網紅打卡地之一，特別是憨態可掬的“明小兵”玩偶，最受歡迎。

近年清宮戲大火，特別是胤禛和他的兒子乾隆，更是格外搶鏡。如今只要趕上雪天，故宮博物院馬上夢回大清，漢服愛好者們裝扮的阿哥、格格、皇上、后妃在殿宇間穿梭，偌大的故宮顯得快不夠用了。其實不必到故宮湊熱鬧，當今的“阿哥”“格格”完全可以到居庸關打個卡，隔著時空和乾隆對話、同框，照樣能拍出大片。

乾隆有處處留詩、各地題字的愛好，曾經在此大筆一揮寫下“居庸疊翠”。乾隆燕京八景：太液秋風、瓊島春陰、金台夕照、薊門煙樹、西山晴雪、玉泉趵突、盧溝曉月、居庸疊翠，均刻石立碑，留下詩文。在北海公園和盧溝橋畔還能看到乾隆親題的瓊島春陰和盧溝曉月碑文。居庸疊翠雖景物依然，可當年乾隆御碑已不知所終。現在立在居庸關長城前的題字，是乾隆後裔末代皇帝溥儀弟弟溥傑的筆跡。

光緒三十一年（1905），一名工程師冒著風雪在八達嶺和居庸關間穿梭，他就是曾經的留美學童、耶魯大學優秀畢業生、中國鐵路之父詹天佑。此時的他正在思考該如何將火車從北京通到張家口，這段路實在太難修。堅毅智慧的詹天佑設計出對後世鐵路建設影響深遠的“人”字形鐵路，大膽開鑿了八達嶺隧道，使京張鐵路成為中國首條不使用外國資金、人員，由中國人自行設計投入營運的鐵路。

現在我們還可以乘坐北京市郊鐵路 S2 線，穿越詹天佑當年的設計，在列車上領略沿線長城不同於登臨的另一種巍峨。隨著京張鐵路的“姊妹鐵路”京張城際鐵路開通運行，我們也可以乘高鐵去張家口，在高鐵上看長城。

除了上述兩種方式，還可以用更輕鬆的方式享受“與城同框”。司馬台長城腳下的古北水鎮，無疑是北京這幾年最紅的網紅旅遊景點之一，少了城市中的光污染，在古北水鎮看星光更是妙不可言。

在古北水鎮住一家風格獨特的民宿，泡泡溫泉，入夜的時候，這裏星空格外明亮，看繁星滿天，是久居城市得不到的享受。如果體力夠好，可以爬上十分考驗人的司馬台長城，登頂之後更是“險處不需看”。天上星光、水鎮燈光交相輝映。銀河是黑暗天際間的一條玉帶，此時的司馬台長城則是光暈間的一條暗影。

到過古北水鎮的人，並不都知道這裏還有一座模仿古希臘露天劇場而建造的長城劇場。日本戲劇大師鈴木忠志曾在這裏演出他的名作《咔嗾咔嗾山》和《厄勒克特拉》。如果有機會在長城劇場看一次戲劇演出，就有可能和戲劇大師同框。

100 多年前，蘇州府貢生姚孟起要為大名鼎鼎的拙政園扇形亭題一塊匾額。他想到蘇東坡有詞云“閒倚胡床，庾公樓外峰千朵。與誰同坐？明月清風我”，於是寫下“與誰同坐軒”5 個隸書大字。與誰同坐是個問題，是清風、明月、佳人、才子，還是親朋、摯友？

當我們出遊、打卡，選擇與誰同框同樣是個問題。什麼人可以和我同框，孟姜女、乾隆、詹天佑，還是戲劇大師或者饕餮？在長城隨便照一張照片，可能曾經某位訪華政要也曾在這個位置、這個角度留下過影像，我們也就間接與一位名人同框了。

相對這些選擇，我建議你打開家庭相冊，翻看那些泛黃的照片，可能就會有父母當年在長城的留影，也可能還有祖父輩們在長城拍攝的黑白照片。拿著這張照片，聽聽長輩回憶。長城歷盡千年滄桑、容顏不改，儘量找到當年位置，再拍上一張照片，鄭重放在相冊中當年的照片旁邊。如果你有了子女，也可以讓他們去同樣的位置拍一張照片，就這樣一直持續不斷。最願與誰同框？我的答案是：最願與家人和親情同框。

北京鐘鼓樓

在秩序之美的端點
奏響時間賦

文　葛競

北京城為什麼這麼美？因為北京城有一條全世界最長，也最偉大的線——城市中軸線。

這條線以宮城為中心，自鐘樓一路向南，直達永定門，左右對稱，南北縱深，古代北京建設所特有的秩序之美由此誕生。建築學家說，這是世界城市建設歷史上最傑出的城市設計範例之一。

北京的中軸線從鐘樓出發，北京的一天由鐘聲開啟。

十二時辰是中國人記錄時間特有的方法。寅時，又稱五更，凌晨 3 點—5 點的光景，報時的鐘鼓聲在京城上空盪開，天光乍現，雄雞報曉，正是宋代詩人陸游在《晨起》中描寫的場景："蟾滴初添水，鏀爐旋炷香。浮生又一日，開卷就窗光。"

鐘鼓樓位於北京東城區地安門外大街的北面，緊挨著後海

和南北鑼鼓巷。

鐘鼓樓興建於元初，曾被命名為齊政樓，元代兩度遇火，明朝又遭雷殛，如今幾經修繕，丹楹刻桷，釘頭磷磷，仍舊蔚然可觀。歷經元、明、清三朝，披星戴月，櫛風沐雨，始終忠實地履行著為城市報時的任務。

鐘樓是磚石結構，淡褐色的牆體，黑色的屋頂，綠色鑲邊，有種肅穆的淡雅之感，如同其中的大鐘，雄渾莊重。

而鼓樓則是土木結構，紅牆綠瓦，廊簷下有精緻的彩繪，夜色中，鼓樓會披上金紅色的“燈光披風”，彷彿深藏繁華市井中的古老宮殿，又像那響亮的鼓聲，明朗璀璨。

兩座建築物相守相望，就像一對進行時光之旅的老友，守護著我們的北京。

當代作家劉心武曾在文章中寫道："鼓樓胖，鐘樓瘦，儘管它們已經不再鳴響晨鐘暮鼓了，但它們映入有心人的眼中時，依然巍然地意味著悠悠流逝的時間。"

在所有城市鐘鼓樓的建制史上，北京鐘鼓樓規模最大，形制最高，有將近 50 米。很多孩子牽著大人的手來到鐘鼓樓前，總會仰起小臉發出驚呼：好高啊！看照片沒想到有這麼高！

這裏蒼翠環繞，經年有微風，天氣晴好的日子裏，向南望去，可以一直看到景山。

多少年來，有人寫它，畫它，歌唱它。

有人在牆根下曬暖，漫不經心地彈著吉他："我的家就在二環路的裏面，鐘鼓樓的這邊，鐘鼓樓吸著那塵煙，任你們畫著他的臉。"

塵煙熏染下的鐘鼓樓有著灰黑色的屋簷，上面覆蓋著漂亮的琉璃瓦，還有 20 世紀綠色琉璃的剪邊。牆體是肅穆的朱色，每當夜幕降臨，夕陽斜照時，又會染上幾分靜謐的橘紅。這裏坐北朝南，不遠處是一條涓涓細流，春日臨水照花，看逝者如斯，不捨晝夜。

走進這座古老的建築，只見鐘亭在左，鼓亭在右。

鐘樓懸掛的巨大銅鐘鑄於明朝永樂年間，是我國現存古鐘裏鑄造最早、重量最驚人的一口，其紋樣之精美、鑄造工藝之高超，至今仍令無數工匠咂舌。這口古鐘的鐘身全部由響銅打造，撞擊時聲音渾厚綿長，據說"都城內外，十有餘里，莫不聳聽"。

登上鐘樓，仰望巨鐘，彷彿仍能感受到那個時代的震耳轟鳴。城市的故事穿行在古老的街巷裏，讓人閉上眼，彷彿還能看到永樂年間富庶繁盛的街景。

而與之相對應的，右面鼓樓的二層放置一面老鼓。這面傳承自古代的舊物鼓面已破，鼓身傷痕纍纍，記錄著它所經歷的漫長歲月與曲折故事。

在它旁邊，還有 25 面新鼓，其中的 24 面代表著 24 個節氣，剩餘一面主鼓則代表一整年。中國古人對時光的解讀實在浪漫，為一年中的節氣變化都取了名字，從立春、雨水的萬物萌動，草芽初發，到寒露、霜降的天凝地閉，落雪滿城。24 個節氣反映四時天氣的變化，指引著古代農耕社會的起居生息。曾經在鼓樓裏，每敲醒一面鼓，就意味著一段美麗的季節應聲而響。

擊鼓和敲鐘的方法並不複雜，被當時的人們編作順口溜，一直流傳了下來。

“緊十八，慢十八，不緊不慢又十八。”

兩遍敲下來，總共是 108 下：一年有 24 個節氣，七十二候，再加上 12 個月份，剛好 108 下。一下不落，一段日子也不錯過，咚咚鏘鏘，是歲月賦予古老民族的一首詩歌。

現在，到了時辰，人們就能再來鼓樓中觀看到擊鼓表演。穿著白布衫，紮著紅腰帶的漢子排成一排，按照老規矩敲起鼓來，氣勢恢宏，有節奏的鼓聲沿著廊簷傳出去，人們彷彿在這一刻穿越古今，遊歷於時光之上。

聽過擊鼓，回頭便可以看到旁邊的古代計時器展。這裏就像一座屬於時間的小型博物館，圭表、日晷、漏刻、時辰香等，時間在這裏有了聲音，有了形狀，甚至有了香氣，讓人不僅感歎於中國古代人的智慧，更欽佩中國人對於時間的思考、對於生活的審美。

無論是古代，還是現如今，擊鼓撞鐘的時間都是很講究的。從前的人把漫長的黑夜分作五更，每更約有兩個小時。乾隆年間，人們在夜裏會敲響兩更，分別是一更和五更。一更時夜幕初臨，先擊鼓，再撞鐘，提醒城門關閉，還在街面上的人們該回房安寢。五更則是晨露剛剛落下的時候，鐘聲與鼓聲會提醒守衛打開城門，恢復交通。待到天邊露白，日光微曦，街面上漸漸有了行人，直至熙熙攘攘，車水馬龍，一座古城才算真正醒來。

很多年前，在這裏生息勞作的百姓們，就靠這暮鼓晨鐘記錄天光的流逝。

千百年東升西落，雲捲雲舒，世事滄桑巨變，唯有鐘鼓樓巍然挺立，見證著老北京城的興衰更迭。直至1924年，京城巨變，溥儀倉皇出逃，鐘鼓樓的聲音也就此斷絕。

故國三千里，深宮二十年，失去了報時意義的鐘鼓樓，在中軸線的北端，在這一方滿目瘡痍的土地上，沉默地凝視著這座它踞守千百年的古城。古城內硝煙瀰漫，再沒有閒話家常的人們，也不見溪橋邊賣花的姑娘。為了銘記歷史，提醒民眾勿忘國恥，鐘鼓樓被改名為"明恥樓"。後來，鐘鼓樓又恢復了齊政樓的名字。兜兜轉轉，時光留給它的，彷彿早已淡去，又好似永遠也無法粉飾太平。八國聯軍的刀口彈痕至今殘留在鐘鼓樓的牆面上，像一道雖然陳舊但仍有隱痛的傷口。

到了20世紀80年代，國家撥款對鐘鼓樓進行了大規模的整修，而後又成立了鐘鼓樓文物保管所。1996年，鐘鼓樓終於正式被列為全國重點文物保護單位。

附近居民會告訴您，在冬季，鐘樓望雪是來這裏最好的理由。

等到純白落滿人間，雪片如席輕輕柔柔地蓋過中軸線，將鐘鼓樓和周邊的小胡同、四合院融融地團在一起，滿目山河，落花風雨，過往的一切都如大夢遠去。待到雪將化未化的時候，住在這附近的人便會三五成群地出來，在鐘樓廣場曬曬太陽，踢踢毽子，或是久違地牽著心愛的人，走過街邊的小店舖，聊聊生活的各種滋味。等待著天邊鹹鴨蛋似的太陽，火紅裏淌著一點金色，將溫溫柔柔的餘暉投在你身上。

確實，這是不同於南鑼鼓巷和後海的熱鬧。在北京這樣一座快節奏、多元化的國際大都市裏，難得有這樣一個地方，能讓人慢慢悠悠地想想心事。在鐘鼓樓的廣場前，光陰的流逝並不叫人傷感，每當白日將盡，倦鳥歸林之際，彷彿總有穿越百年的鐘鼓聲在耳畔響起，溫潤而平和，就像那首歌所唱的：一座城聽你召喚，晨起，日作，夜眠。春秋冬與夏，滄海幾千年。

西打磨廠街

大師點化後
平常化神奇

文　小歐

在西打磨廠街走一圈下來，就像觀看了一個建築設計展，即使是外行，也能體會到幾分建築師的心思，如何思考空間、老院落的語言、它與環境的關係，然後讓它在舊址上完成一次新的生長。

最令我驚喜的是，在這裏看到了日本建築師隈研吾先生的建築事務所改造的胡同民居。西打磨廠街 220 號院落，在清末時曾經是協和醫院，直到後來漸漸變成了大雜院。走進改造後的院落，先是被青磚的外立牆面和網格狀的鋁結構吸引，不規則的鋁結構修飾著院牆，使得普通的青磚牆有了一種現代的輕盈感。而背後的整體建築，則是以通透的玻璃嵌在灰磚牆之間，同樣覆以鋁質半掩的格網幕牆，室內半隱半現，虛與實相間。有陽光的時候，光影錯落地映在室內，於是建築有了更多

的層次感和律動感。普通的一個民居，改動得並不算太多，然而藉助材料和想象力，實現了傳統和現代之間的一種充滿妙趣的平衡，這種現代感與整條街道也融合得很自然，並不顯得突兀。改造完成之後，隈研吾本人也很喜歡這所房子，於是將他的建築都市設計事務所設在了這裏。

打磨廠街區處在前門和崇文門之間，是北京外城裏最長的一條胡同。這條始於明朝的街道，曾經是北京最著名的鬧市街區之一，因匯聚了石器打磨匠人、店鋪而得名。西打磨廠胡同當時也與西河沿、鮮魚口、大柵欄幾條胡同並稱為"前門外四大商業街"。這裏還聚居過製作鐵器、銅器、刀槍、樂器、年畫的各種手工匠人，大量的外地駐京會館、旅店、飯莊、票號、郵局、藥舖等，也曾經在這裏相繼生長與消逝。歷史變遷，打磨廠街區及其往南整片區域漸漸也都變成了尋常巷陌，大雜院兒破敗不堪，有歷史的建築也湮滅在了日常生活中。

2015 年開始啟動的老街風貌恢復與建築修繕的改造計劃，使得這條寬闊的胡同變了樣，當年那些被遮蔽不見的、有著古韻的建築肌理清晰地顯現了出來。胡同裏 7 處具有保留價值的院落，正是分別由隈研吾、馬岩松、張永和、朱小地等這些在國際知名的建築設計師來進行設計改造的。這個區域變成了一個個新的時尚地標，被人們稱為“大師院”。

與隈研吾建築事務所相鄰，建築師馬岩松和他的 MAD 建築事務所的改造顯得更“大膽前衛”一些，這也是他風格的一貫延續。西打磨廠街 218 號，曾經是民國時期的醫院藥房。馬岩松巧妙地將幾個巨大的銀色泡狀功能空間嵌入在院落中，泡泡表面是銀色的鏡面材料，可以映照出周圍的一切，天空、樹影、院牆，整個泡泡遠看又像是一顆晶瑩的水滴，大家都親切地稱這裏為“胡同泡泡”。“泡泡”也並不誇張，在院落外並不能被看到，只有當我們走上樓頂，才能發現它們在角落裏閃閃發亮。銀色泡泡和古建築帶來的衝擊感，無疑吸引了很多慕名而來的年輕人，這也正符合馬岩松的想法——我們總在說的街區保護，實際上最重要的，是對社區關係的保護，更多的年輕人、不同階層和文化背景的人群融入這個社區，才是一個“活”的社區。

繼續往西走，附近有一幢外牆顯得斑駁的小院，門楣正上方的字樣已經難以辨識，但兩側“靛青顏料”“零整批發”的字樣還能看得清楚，這是特意修舊如舊留下來的歷史樣貌。西打磨廠 210 號，曾經是瑞華染料行，現在是“打磨場 · 共享際”生活區的一部分。這個傳統的四合院經非常建築師事務所的建

築師之手，變成了胡同長租公寓，臨街舖面成為共享型的廚房、會客廳、洗衣房。再往裏，幾進院落裏建起了 14 間 Loft 公寓，格局都大體相同，上層是臥室，下層為客廳和衛生間，居住環境清幽雅致。這裏還經常將年輕的創意運營團隊聯合起來，舉辦一些輕鬆、有趣的活動。

屬於“打磨場·共享際”另一部分的是旁邊長巷三條1號。這裏是清朝末年“義誠店”旅店的舊址，一個近代中型店舖的代表性建築，三層重樓式格局，中間有天井，面闊八間。現在，這裏被賦予了新的功能，成為一個聯合辦公區域。一層大堂是公共活動區，在這裏時常舉辦小型的沙龍、座談會，二層和三層則是新型的聯合辦公區域。

共享辦公、共享生活，這樣的嘗試很符合當下的新商業模式，也有別於被開發成旅遊景點、每天遊客熙熙攘攘的那些胡同。小型的文創和科技創業企業在這裏租用辦公，胡同裏的年輕人越來越多了。而這些院子之間，原來彼此隔斷的夾道牆也都被打通了，連成走廊，串聯起每個院子的門，大家彼此可以隨意地走動。普通日常的生活並沒有在西打磨廠胡同裏消失，小巷深處還住著居民，門前的花草綠意盎然，院落裏的香椿樹高高伸出屋簷。

街區改造了，然而歷史並沒有被遺忘。我走到胡同的東口，在由臨汾會館騰退之後專門改建成的北京會館文化陳列館裏，看到了被保留下來的昔日完整的南城會館文化的歷史。三進兩層的四合院，山西民居特色十足，會館裏還保留著一些老舊的磚、瓦、石構件，多媒體的屏幕上可以細看當年分佈在正陽門之外的各路會館網絡。

西打磨廠胡同裏有“大師院”，也有普通的小店。在胡同裏漫遊時，略覺疲倦，遂走進一家只有幾平方米的名叫“PIA”

的手沖咖啡店。這個店開了兩年多了，它之前的名字叫“熊煮”咖啡店。店面小小的，但咖啡店的主理人很有巧思，利用鏡子來增加視覺上的空間，黑色是內部的主色調，顯得硬朗而有個性。曾經有兩個從別處專門過來的男孩，因為喜歡這裏的咖啡豆而跟店主成了朋友，時常會來坐坐聊聊天，他們簡直就像是小店的代言人。他們主動熱情地跟我介紹，這位低調的主理人在中國咖啡師比賽中，連續兩年都進入過前六名。

另一家很火的 Metal Hands 咖啡店，已經有好幾家連鎖店面了，它開在胡同西口改造後的一座兩層的民國風格單體建築中，外立面也儘量保留了建築原本的面貌，通過一個開敞的庭院進入咖啡廳，從吧台向空間深處望去，就會看到三個層層相扣的拱券結構，第一層是不鏽鋼板拱券，第二層是混凝土拱券，保持老房子歲月的質感，第三層是和保留的外立面一致的青磚拱券。三層拱券的透視結構，讓人彷彿沉浸在一種被歷史包裹的氛圍之中。店主人將老北京胡同生活的許多元素放在這裏，縫紉機台改造的咖啡桌，以及做舊的老窗格，等等，很有意思。在這個街區，一切舊的東西，都以一種新的姿態呈現，就如同這條胡同本身。

黃昏時分，坐在咖啡店裏朝向二環的位置，窗外夕陽的霞光正是一天中最美的時段，夕暉剛剛好輝映在視野中的前門樓子上，古老的城樓，現代的城，一切都靜默，柔和，美好。

和平菓局

回首來時路
回味舊時光

文　盛蕾

录像厅
售票口
今日播映
—6.21.
《庐山恋》
9:30
《少林寺》
上午 9:40～11:20
女疯情》 另有加片
12:00 — 13:40
《少林僵尸》
下午 13:50 — 15:30
《卡生归来》
下午 15:40～17:20
好片不断大屏投影 另有加片

FROM BEIJING
和平菓局
京式细点
官礼茶食

夏天的一個中午，本來是去王府井百貨大樓躲一場突如其來的雷陣雨，不想卻被和平菓局這場回憶的大雨淋濕了整個身心……

乘坐王府井百貨大樓的扶梯下沉到地下二層，站在 2400 平方米和平菓局裏的那一刻，看到如此遙遠又熟悉的幾十年前的場景成規模重現，那種如被雷電擊中的巨大的震撼和驚喜將我整個人淹沒——

面前刻著"為人民服務"正宗"毛體"門楣的前進副食店，一股久違的年代氣息撲面而來，記憶之閘在被懷舊的情感猛烈撞擊後瞬間打開，我的腦海中浮現起當年和父母一起到這樣的副食店裏買點心、探望長輩的情景……驚喜的是，這家前進副食店是真的在營業，真的在賣新鮮的桃酥、牛舌餅、荷花酥、京八件這些帶著舊時光的美味，挑好點心後可以自己拎走，也可以去旁邊的和平郵局郵寄。

“菓子”這個詞最早出現在唐、宋，是時人對點心的稱呼，這個稱呼如今在日本依然沿用。遙想在 20 世紀那個物資匱乏的年代，能吃上一口這樣的“菓子”是一件多麼幸福的事啊！

走進狹長的青磚胡同，像進入了一條時空隧道，彷彿走進 20 世紀 80 年代自己的童年，看到了小時候和小夥伴們在房前屋後踢毽子、跳房子、玩彈珠、跳皮筋兒……那個時候，家家戶戶門口都有信報箱，旁邊都有個放奶瓶的箱子，還有舊電表。一輛小童車，擺了鳥籠和花盆，可以想象鄰居爺爺奶奶一邊養花一邊逗娃的其樂融融。大白菜整齊地放在窗台下，搪瓷臉盆放在門口洗手洗臉，旁邊停著一輛家裏唯一的二八自行車。

再往前走，家家戶戶的門上都掛著那個年代的門簾，有松鶴圖的，有花卉圖案的，瞬間讓我想起自己家。記得當年去俄羅斯旅行，走進一個村莊，那個村莊裏有一位農婦，看到我是

中國姑娘，馬上回屋裏拿了一件她自己的衣服給我看，説是中國支援的料子做的。我一看，那件衣服的圖案正是中國古老的壽字松鶴圖……

往事如酒，走在這裏，真的有種微醺的醉意……

正陽門車站、椿樹書局、時間照相館、餑餑舖、敕建小黨寺、松鶴堂、全息戲院、勸業場、汲古齋、前進副食店、和平郵局、紅星糧油店、明檔、和平小吃街、和平戲院、北京胡同這 16 處構建的場景，就像 16 扇窗戶，透過每一扇窗戶，都能窺見我們自己和一個個發生在那個時代的家庭中的故事……若是在這裏靜靜聆聽，可以聽到來自時光深處的叫賣聲、小孩的哭聲、嬉戲打鬧聲、鄰里街坊扯著大嗓門聊天、切菜、炒菜等各種聲音的碰撞回響。

“晚報，晚報，《北京晚報》！”報攤喇叭真實的叫賣聲從遠處飄了過來。這份八九十年代北京人下班必買的精神食糧，連同賣報喇叭一起完整地被安放到了這裏。

欢迎
惠顾
老赵
修理铺
维修
电器
美華利鐘表行
BAIBER SHOP
白玫瑰理髮廳

胡同裏晾衣繩上掛著兩三件衣服，牆根兒底下晾曬著白球鞋，拐角處下了一半的棋局，牆上貼著居委會通知書，煤堆旁邊貼著“偷煤死全家”的警示語，看完大家無不捧腹大笑……走到一個低窪處，宣傳畫上寫的“有台階，小心拿個摔跤冠軍！”透著北京人特有的幽默。還有戴著紅袖章、在“煤廠胡同”看著行人不要從出口進入的居委會阿姨，偶爾路過和你嘮幾句閒嗑的“糖葫蘆大爺”，都讓熟悉這座城市的人們倍感親切。

架子上的那個方磚錄放機，我們當年學外語用過，聽流行歌曲用過，我還自己翻唱歌曲，用它錄下來，當時自己整整美了一天，想起來真是難忘；還有成堆的小人書，我小時候存了不少，常常和小朋友們交換著看，還有貼在燈柱上的小廣告……

據説，這裏的每一個物件，都是在籌建和平菓局的時候，向市民徵集來的。所以，這些都是被舊時光親吻過的真正有歷史感的舊物，都是原汁原味的實景，它們一絲不苟地還原了一個樸實無華的老北京市井生活。

和平菓局還有一個遊客打卡如織的地方，那就是寫著“和平菓局←→未來”的火車站。這裏真的放置了一節退役的綠皮火車，人們可以自由上下車體驗乘坐當時綠皮火車的情景：你坐在火車上看風景，又會被周圍的遊客當成風景在看。記得當年為了買這樣一張小小的綠皮火車票，要到車站徹夜排隊，那種辛苦和期待可想而知！

從綠皮火車上下來，到了該吃午飯的時刻了。我在美食街檔口的木頭桌前坐了下來，發現這和平菓局竟然也是一座不折不扣的美食寶藏城，滷煮、炒肝、爆肚、豆汁、焦圈、炸醬麵、白毛煎餅、北冰洋汽水……那些回憶中的小吃應有盡有，都是舌尖上的北京記憶。

午餐後，點上一杯北京茉莉花茶，到碼字人書店坐上一會兒，翻閱一本上世紀的好書，虛度午後片刻時光，是多麼的愜意。之後，去老北京照相館留下今天的影像，再懷揣著一顆舊心腸一路走過書局、集市、錄像廳、和平戲院、勸業場，沿途聽聽老唱片機裏放出的經典旋律……那一刻，舊時光和舊場景完美地擁抱在一起，竟是如此的鬆弛浪漫。

——這些時代的印記，讓人真真相逢如同過舊居！

一座偉大的城市裏，當有一處角落，可以讓人們去感歎和回味舊日時光。從這些真實的過去裏，從和平菓局這個小窗口裏，我們看到了當年的衣食住行，看到了當年生活在那個時代背景中的自己和那些漸漸褪色的過去……有位前來觀賞的遊客在網絡上留言："這個真實的場景，比所謂北京微縮景觀模型，更具說服力。來到北京的旅行者，在看過天安門、參觀過故宮、走過北海、爬過景山之後，對地上和地下這兩片天地，會產生強烈對比。雖然，和平菓局這個窗口很小，但它帶來的衝擊是巨大的。因為，有了它，北京才是完整的。"

和平菓局用建築、實物構築的物理方式，極大程度還原了老北京，創造了 VR 技術也望塵莫及的沉浸式體驗——讓北京人來這裏找回憶，讓外地人來這裏看北京。

其實，世界許多大城市中，試圖還原與再現本地舊時光的博物館很多。和它們相比，和平菓局不僅僅是靜置的、供遊客凝視的圖景，它是“活”的。它活在北京最繁華的王府井地下空間，活在熙熙攘攘的人們的記憶中，活在前來這裏交流碰撞的遊客的熱情裏，活在依舊旺盛的商業消費活動中……

據了解，和平菓局下一步計劃投資打造一場代表北京的沉浸式戲劇，同時引入更多的話劇、音樂劇、魔術戲劇、劇本殺等年輕人喜愛的文化消費項目，並在未來舉辦“北京新青年戲劇文化節”，把這場北京的舊夢引向未來……

我常常想，為何我們這一代人會如此懷舊？其實這個世界上有很多地方的人是不那麼懷舊的，許多土地上的人們幾十年甚至上百年的生活環境都沒有什麼大的變化。但我們不是，我們的國家、我們的城市在短短幾十年裏發展迅速，我們生長的環境、我們的生活狀態是發生了翻天覆地的變化的……

我們愛當下的北京，我們愛當下的生活，但回看急速後退的來時路，穿越急速消逝的舊時光，也是安頓身心的另一種剛需，這就是和平菓局的意義。

02

清華大學藝術博物館
紅磚美術館
中國電影博物館
吉祥戲院
閱讀空間
角樓圖書館

Beijing

清華大學
藝術博物館

無問西東
開啟審美之旅

文　張郁娜

對於大眾而言，清華大學有著一種只可遠觀的“美”。然而清華大學藝術博物館則如一道美的橋樑，拉近了它與大眾的距離，也深度參與了北京這座城市的文化生活。

從遠處望過去，這座由世界著名建築大師馬里奧·博塔主持設計的藝術博物館位於清華主樓的東西延長線上，近鄰主樓的一側如學者一樣低調謙虛，而面向荷清路的一側則是一種對公眾開放的歡迎的姿態，數十根圓柱組成的門廊，將博物館頂層撐離地面，並形成一個半開敞的室外展區。陽光穿越廊柱，包容、和諧、崇高。

整個建築呈現出一種感性與理性兼容的美感，寧靜莊重的節奏，強大而自信。

大堂內，中央的台階自地面開始一直向上延伸，樓梯盡頭是巨大的展廳。兩側金色的圍牆以弧形展開，如一艘巨艦，像是要以它所承載的智性和美帶領人們走向一個永恆的精神家園。

沿樓梯而上至頂層，回望金色的弧形迴廊和下面的巨大空間，“獨上高樓，望盡天涯路……”不正是王國維先生所謂成大學問、大事業的第三重境界嗎？

作為對光著迷的建築師，博塔把博物館屋頂設計成一個龐大的天光過濾器，陽光透過屋頂玻璃直射到展廳內部，與空間相逢，又創造出新的“空間”，凝固成詩一般的景色。

除了建築之美，更讓人歎服的是在這裏舉辦的一系列大展。

開館首展即選擇了“對話達・芬奇”，這頗像是一場“館”念宣言和對學子的期盼，也與清華本身的特點相當吻合。因為在人類的歷史上，作為一位真正的大師，達・芬奇在藝術和科學的領域都取得了無與倫比的成就。

回溯人類歷史，科學與藝術如同兩翼，只有雙翼強大且力量平衡，才能誕生偉大的時代，飛向更高遠更明亮的未來。一流的大學，不僅要有科學探索精神，也需要宇宙般廣袤的想象力。以“對話達・芬奇”開始，清華大學藝術博物館開始精彩迭起的審美之旅。這裏可以感受王國維這樣的國學大師仰之彌高的學問及風骨，也可以觀看忻東旺這樣的當代藝術天才所呈現的“時代的肖像”；可以跟隨張光宇、龐薰琹、雷圭元、白雪石、俞致貞、祝大年、張仃、吳冠中等老一輩藝術家追溯“清華美院”的源流和底蘊，也可以欣賞每年美院畢業生的展覽；可以從“營造·中華”了解中國建築藝術的博大，也可以從“清華簡”窺見中華文明的初期面貌。

這裏也曾舉辦過日本傑出書法家、自稱“書鬼”的井上有一迄今為止在國內最大的書法展以及美國哈格利博物館與圖書館藏美國 19 世紀專利模型展“發明的精神”，用專利模型體現科學技術改造世界的力量。

最讓觀眾痛快淋漓的莫過於“西方繪畫 500 年——東京富士美術館館藏作品展”，那些藝術史上振聾發聵的名字攜著作品以時間的順序向我們走來：時間從文藝復興開始，喬凡尼・貝里尼、丁托列托、小彼得・勃魯蓋爾等悉數登場，然後巴洛克時期的魯本斯以及洛可可時期的布歇、夏爾丹緊隨其後，新古典主義和浪漫主義時期的安格爾、透納、德拉克洛瓦等人隨即穿越；然後迎來現實主義的米勒、柯羅、庫爾貝；印象派陣容龐大，馬奈、莫奈、畢沙羅、雷諾阿、塞尚、高更；現代主義、後現代主義時期也不落人後，莫迪利亞尼、喬治・莫蘭迪、胡安・米羅、瑪格利特、夏加爾、安迪・沃霍爾……幾十位藝術大師共聚在清華大學藝術博物館的展廳，他們以作品的形式立於牆面，卻以精神的形式遊走於這個 500 年聚會的藝術大沙龍。而我們必須以狂喜投入這 500 年的藝術長河，每個人以“high 嗑”藝術為藉口，一天走過藝術 500 年，依然流連忘返。

層出不窮的高質量展覽，為清華學子和社會公眾看世界的

眼光做了豐富的導覽，館內的常設展覽也頗有看頭。

在博物館的頂層，以館藏作為基礎呈現的常設展覽“清華藏珍——清華大學藝術博物館藏品展”就像展開一個優雅、寧靜、詩意、華麗的世界，靜候每一個抵達的觀眾。那是我們自己的文化和歷史，是這個空間不變的“主人”。

清華大學藝術博物館現有藏品近 22915 件，涉及書畫、染織、陶瓷、家具、青銅器及綜合藝術品六大類。

在常設展中，我們可以在書畫作品中看到文徵明、祝允明、董其昌、呂紀、藍瑛、陳洪綬、鄭板橋、羅聘、任伯年、吳昌碩、齊白石、徐悲鴻、張大千等名家真跡；也可以看到清代康、雍、乾三朝景德鎮御窯廠燒造的精美瓷器；織物皆華美襲人，清代“無量壽尊佛”緙絲佛像是清乾隆朝的內府巨製，堪稱緙絲藝術的登峰造極之作；家具有明代黃花梨四面齊琴桌、黃花梨矮翹頭案、黃花梨圈椅等傳世精品。

這些大師的精品，讓我們再度溫習中國文化的原色，感受中國文化的厚度。

清華大學藝術博物館充分發揮教育職能，開館至今
了一系列兼顧學術性、思想性和藝術性的公共教育活動
過名家"系列學術講座""手作之美""藝術實踐課程""
映話"等形成了清華大學藝術博物館的藝術生態圈。

當藝術和科學以審美的方式再次交會，每個看風
人，都在悄然間擁有了看待世界的全新眼光，並以一種
高度、新的廣度奔向未來旅程。

INOUE:
FROM JAPAN
井上有一展

紅磚美術館

藝術濕地
重置生活節奏

文　張郁娜

在美術館裏“遊園”培養閒情逸致，在當代東方園林裏看展培養審美趣味，正成為北京一種新的休閒風尚，紅磚美術館是這種潮流的引領者之一。

從喧鬧的市中心驅車半小時，到了朝陽何各莊村便不再需要導航的指引，它醒目的紅純粹而強烈，在單一的紅磚敘事之下彰顯理性之美，無須確認，這就是紅磚美術館，一個僅靠顏值就引爆無數話題的地方。美固宜然，靈魂亦有趣。

月洞門內，“彷彿若有光”。進入中庭，竟如武陵人般驚呼“豁然開朗”。下沉式劇場，太陽的光芒從頂部垂直落下，如交響樂一樣美妙。

光線開始登場，紅磚堆砌產生的空隙，是光線流連的路徑，跳躍的、沉靜的、明朗的、幽暗的、溫柔的、強烈的……像無聲的演奏，神秘詩意漫溢出來。人置身在光線之中，有一種超現實主義錯覺，邂逅美，並成為美的一部分。

這個下沉式劇場上演過眾多藝術家的現場分享，這裏最擅長的就是創造眾多視覺的神話：

曾經，洶湧的黑色旋渦將這個空間淹沒，水流不斷被神秘的力量裹挾，無止境地旋轉、下沉，往不可知的深淵衝下去。水流咆哮低吼，像約翰·克利斯朵夫誕生那夜的江聲。它隨時準備吞噬萬物，而我們也準備隨時被吞噬。

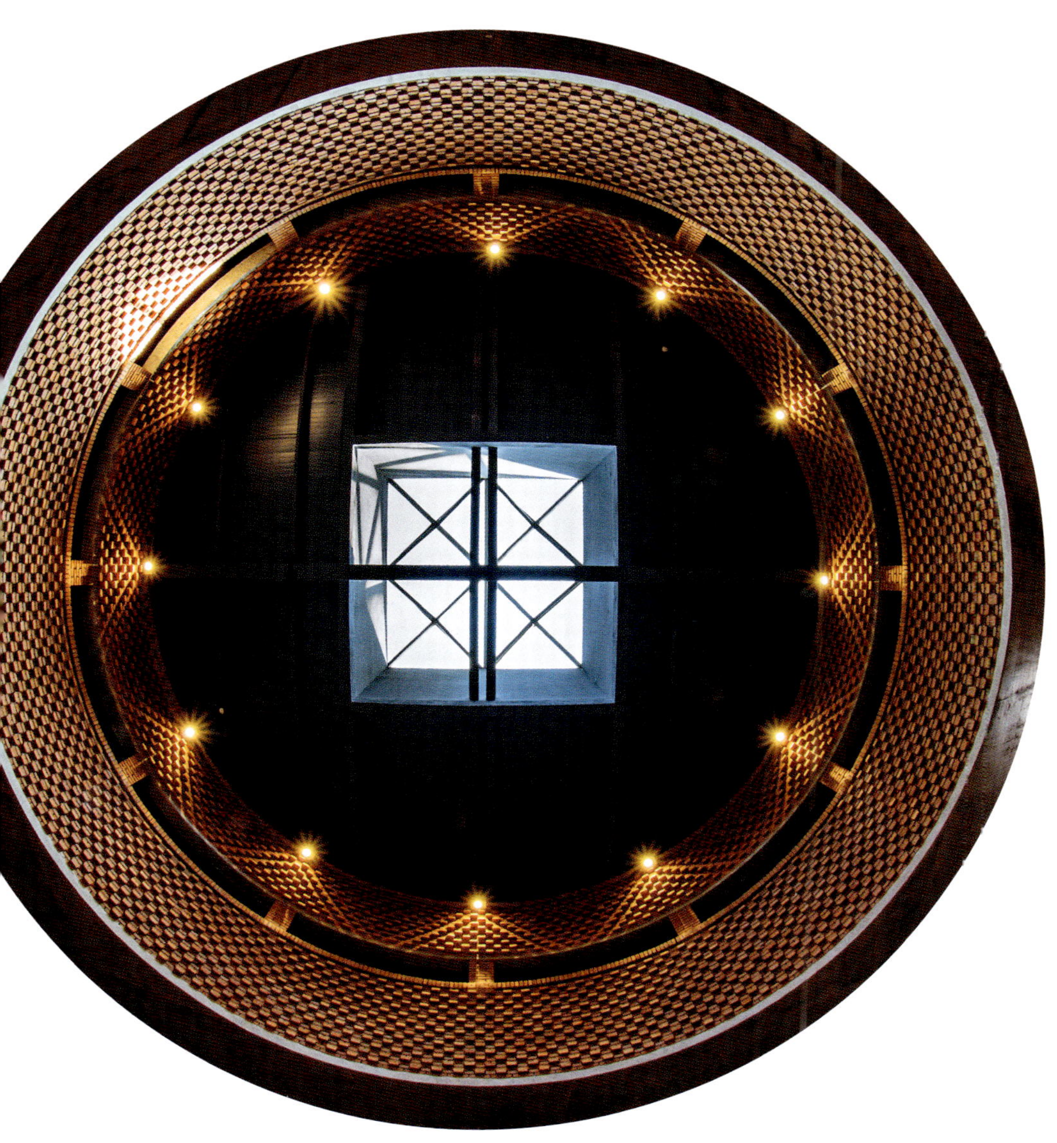

這是當代著名藝術家安尼施・卡普爾的代表作《下沉》。這個巨大的旋渦，曾流過凡爾賽宮的草坪，也曾在紐約的布魯克林大橋公園掀起"旋渦"。2018 年的秋天，它到了紅磚美術館。無論你是否懂得構圖、色彩、光線，但"當你注視深淵時，深淵也注視著你"，物質、空間，你、我、眾生，都被席捲在這個"黑洞"之中，無處可逃。

"一切可確定之物，事實上無一可確定"（蒙田），想象和深省，在那一刻發生了。

同樣在這個下沉空間，同年春天，一根來自藝術家故鄉冰島河流裏的浮木，因為磁條的包裹，它有了根據磁場的吸引改變方向的能力，它就像我們人生中的指南針。《遺失的指南針》來自紅磚美術館另一個"驚豔"京城的當代藝術大展——奧拉維爾・埃利亞松的迄今為止在中國最大的展覽"道隱無名"。他如同一個藉助自然力量的幻術大師，將光、霧、影、水，或對動態的、規律性以及幾何性的探索，這些我們日常熟悉之物利用科技的手段變成各種奇思妙想，呈現在紅磚的各個空間之中。

空曠的白色展廳，天花板如同一面巨大的天空之境，黃色的半圓自半空升起，與鏡面內映射的光環，形成一個巨大的鏡像的太陽。人亦在鏡像之中。強烈的黃光讓這個封閉的空間一切變色，失去了世界的真實。正是這種"失去"，讓我們暫時擺脫了複雜的生活和矛盾的自我，在一種精神的純粹中，享受自我"失重"的沉醉感。

神秘性佈滿沉浸式的空間，讓觀眾在奔赴未知的體驗中，興奮莛場：每一個瞬間都是稍縱即逝的誘惑，每一秒都在和藝術家一起創作。

這只是紅磚美術館無數激動人心的展覽之一。除了引起業內關注，也成為京城時尚達人、文藝青年、各路網紅爭相打卡之處，彷彿不來這個展覽、沒有當代藝術的“加持”，就會被“移出”時尚社交圈。

聚焦前沿的國際當代藝術，讓紅磚美術館成為擁有中國當代國際藝術話語權的代表美術館之一。展覽雖以學術作為準則，但很多藝術家的作品都有強烈的“共情”性，充滿哲學思考、想象力的展覽很容易和參觀者融為一體，並使之成為樂此不疲積極參與的一部分。

走出美術館，紅磚繼續著它對空間的“統御”：不斷重複與變奏，營造出迷人的、多層次的、令人震撼的視覺效果。一個如時空隧道一樣的“八連洞”是這個統御的“界點”：青磚出現了，以園林的形式。中國長達千年的城市山林美學經驗以現代主義語法詮釋，在這裏形成了一種盪漾著開朗自信的當代東方審美風度。

每一步向前，都是闖入一段別有情趣的風景：“八連洞連廊”呈現出空間似乎不能窮盡的視覺效果；“槐谷”裏上大下小的台階疊出左右腳交替的帕斯卡台階，可坐可臥可跳躍可聽蟬音；“清泉石上流”的石澗宛若一線天……

在時間的厚度中，園林本身成了有生命的、可以成長的藝術品：長時間水流侵蝕之後十七孔橋開始呈現出時間久遠的痕跡；藤蔓是大自然散落的調色盤，隨四季變化給牆面染上不同的顏色；能飛越珠峰的斑頭雁享受歲月靜好，黑天鵝夫婦有了天鵝寶寶，善於搶鏡的貓咪成為“館寵”……

園林內的“亭子”正是兩件藝術作品：丹·格雷厄姆《衝孔鋼板分割的雙向鏡圓柱》，利用雙向鏡的光學原理，亭內的人可以看到外面的一切，亭外的人在鏡中看到自己，卻無法感知正被亭內的人“偷窺”；站在埃利亞松的《盲亭》中央，從亭內觀看外部世界的視線被黑色玻璃板的排列阻擋，這座亭子便“失明”了。

在這園子裏漫步，時光是慢的，在都市裏被速度裹挾而荒蕪的心，慢慢柔軟下來。如果累了，便去西餐廳吃午餐或喝個下午茶；如果帶著孩子，也可以去美術館二層的美育空間，畫畫、剪紙、手作，體驗親子藝術時光。

這不過是我們生命中普通的一天，卻是充滿美和幸福的一天。紅磚美術館“園林 + 藝術濕地”的概念無疑帶來了一個獨立於喧囂之外尋找美、重置生活節奏的道隱空間。

中國電影博物館

被收藏的光影裏藏著生命的寫真

文　盛蕾

中国电影开拓者

我第一次看到電影，是在小時候的部隊大院裏。

夏天的黃昏，部隊大院來了放映隊，他們在大操場支起了設備，拉上了電線，兜起了巨大的白色幕布……不到天黑，銀幕的正反面空地便全部被板凳馬紮佔領，每家每戶都派出了"代表"坐在那裏"鎮守"家人的座位。等到天完全黑下來，片頭的音樂響起的時候，整個操場瞬間安靜。

電影放映時，大家全神貫注，忘記了身邊飛舞的蚊子和夏夜裏的小昆蟲。隨著影片故事的發展，大家情不自禁地跟著哭或跟著笑，或唏噓不已……若這個電影已經放映過多遍，那場上的觀眾都會像見到了老朋友，跟著電影大聲地背誦台詞，或者大聲和著片中的主題歌一起歌唱……我就是這樣愛上了電影。以至長大後，我遵從內心的志向考去了中央戲劇學院攻讀

我喜愛的戲劇影視文學專業。

走進中國電影博物館，感覺與小時候看電影的經歷“重逢”了。

黃昏時分，我來到了位於北京市朝陽區南影路 9 號的中國電影博物館。博物館巍峨矗立在一片廣闊的平地上，巨大的黑色主體結構像是一隻暗盒，彷彿寓意著電影製作和放映的過程都是在黑色世界裏完成的；而博物館正大門是一顆大大的星星的形狀，建築也有很多星狀的設計，據說它象徵著中國電影走過 100 多年，群星閃耀，像璀璨星河……而廣場上巨大挺立的門框形時間廊的設計，被夕陽拉出了斜斜長長的倒影，瞬間讓我聯想起小時候看露天電影的巨大屏幕……

這裏是世界上最大的國家級電影專業博物館，2007 年 2 月 10 日正式對公眾開放。它佔地 52 畝，建築面積近 3.8 萬平方米，展線長度 2970 米，其中涉及電影 1500 餘部、圖片 4300 餘張、介紹電影工作者 450 多位，有藏品 4 萬餘件，其中國家一級藏品 8 件——是紀念中國電影誕生 100 週年的標誌性建築，也是展示中國電影百年發展歷程、博覽電影科技、傳播電影文化和進行學術交流研究的藝術殿堂。中國電影博物館共設有 21 個展廳，介紹中國電影百年發展歷程以及電影科技博覽。另有臨時展廳、報告廳和多功能廳。館內還設有巨幕電影廳、數字電影廳及 3 個 35 毫米電影放映廳。

進入博物館，宏大的視覺衝擊撲面而來——中央圓廳環幕採用了近 1800 平方米的大間距高亮度 LED 燈珠，是國內最大的室內錐筒結構異型曲面內掛屏，呈現出光影交匯、氣勢磅礴的沉浸式場景。在這裏，我們可以感受到博物館展示最先進的表達，領略新型博物館的藝術氛圍。

電影博物館裏最震撼的放映廳應是館內的巨幕影廳。它配備了 IMAX 70 毫米膠片放映系統，可放映 70 毫米膠片影片。七層樓高的銀幕沉浸感超強，是目前國內影院的頂級配置。專門為巨幕影廳設計的聲源均衡音響系統，使觀眾在影廳內的每個地方都能感受到無差別的音量和音質。超大的銀幕、特別定製的頂級鏡頭、無與倫比的多聲道數字音效系統，帶給觀眾強烈的視覺和聽覺衝擊。靜坐在這裏，讓我不禁感慨：有多少少年是從電影中開始認識這個五彩斑斕的世界的？又有多少年輕人的愛情是從看電影開始的？人到中年拖兒帶女來到影院，想把什麼樣的知識和情懷傳給下一代？暮年後，我們還會攜手同來看一場屬於我們青春的光影嗎？

電影博物館裏的藏品，粗分可分為“電影藝術”和“電影技術”兩大類別。“電影藝術展覽廳”位於二、三層，以展示中國電影百年歷程和電影藝術家的藝術成就為主。展覽區由“電影的發明”“中國電影的誕生和早期發展”“革命戰爭時期的中國電影”“新中國電影的創建與發展”“改革開放新時期的中國電影”“美術電影”“兒童電影”“科學教育電影”“譯製電影”“新聞紀錄電影”“香港、澳門地區電影”“台灣地區電影”12個展廳組成。行走在這裏，我驚喜地發現，從小到大我看過的電影都在這裏：《閃閃的紅星》《喜盈門》《小刺蝟奏鳴曲》《牧馬人》《少林寺》《廬山戀》《城南舊事》《高山下的花環》……還有觀眾能跟著一起背台詞的《葉塞尼亞》《卡桑德拉大橋》《佐羅》，以及讓我沉醉一生的奧地利譯製片《茜茜公主》……這些烙印在我生命裏的電影，成為我思想的一部分，潛移默化影響了我的一生。如今，這些電影靜靜地被收藏在這座博物館裏，如同時間廊裏的坐標，默默地守護著我人生的印記……

而“電影技術博覽區”則讓我探秘並了解了很多小時候未曾理解的電影之謎——如電影中經常會出現山崩地裂、驚濤駭

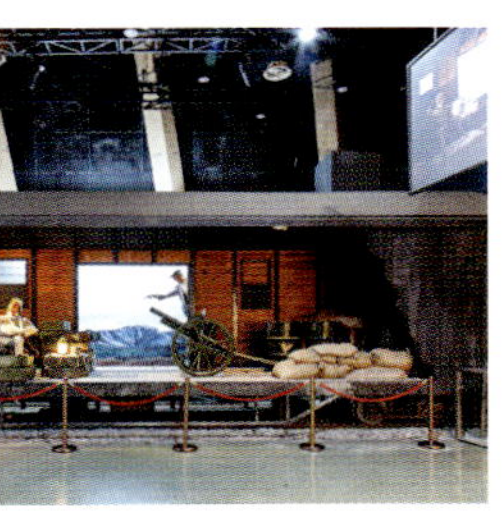

浪、火山噴發、飛簷走壁、騰雲駕霧、斗轉星移、歷史再現等這些謎一樣的奇觀，在這裏終於找到了答案。博覽區位於博物館四層，由“電影拍攝”“電影美術”“電影特殊攝影”“傳統電影特技”“數字特技”“電影錄音”“電影剪輯”“電影洗印”“電影動畫”“形形色色的電影”10 個展廳組成，以展示電影製作技術和電影知識、揭示電影製作的奧秘為主要內容。

這裏有 77 項互動項目，參與性和互動性最是吸引觀眾。我在“電影合成”這個互動區，開心地坐上了特技合成成像的火車模型，人坐在其中，拉開窗簾，風景隨著車廂的擺動一路奔跑，用手機拍攝如同真的乘坐火車一樣；還有服裝道具區的電腦合成衣服的特效，我可以挑選任意電影中的服裝通過電腦合成“穿”到自己身上，非常有趣。印象深刻的還有《農家小院》的攝影棚，可以了解攝影棚是怎麼工作的。參觀者還可以親自動手做錄音、拍短片，體驗電影製作的樂趣，從拍攝、剪輯、美術、配音、配樂到特技、洗印等整個電影製作過程，可以充分去觸摸，去體驗。

這裏還有中國電影博物館內部的“網紅打卡地”：置景師

為電影《林家舖子》搭建的主體場景“小鎮商業街”。在這個充滿了真實感的場景中，我們可以當一回主角，親自體驗一下以演員身份徜徉在道具景棚中的快樂。

在這座電影的殿堂裏，我們可以看到電影百年一路走來的驚喜和滄桑——從電影發明者盧米埃爾兄弟放映電影的情景，到中國電影 1905 年開山之作《定軍山》的問世，世界各國從默片時代進入有聲片時代，從黑白電影進入彩色電影，戰爭片、喜劇片、科幻大片……這一路，我們不僅看到了電影的成長史，也看到了電影工作者的人生融入電影及時代的大潮中的崢嶸風景……

剛剛攜新電影《你是我的一束光》舉行完首映禮的著名編劇、中國文聯副主席劉恆老師説：“電影是一束光，照亮彼此的靈魂！”

與中國電影博物館合作過《殲十出擊》等多部影片的著名導演寧海強説：“中國電影博物館裏記錄著每一位電影人的人生，而中國電影人所展示在影片中的人生也是中國人的

人生。”

由八一電影製片廠攝製、編號為 001 號的紀錄電影《北京在建設中》，拍攝於 20 世紀 50 年代，真實記錄了在慶祝新中國成立 10 週年時，工業、農業、水利、文化教育和公共建築等各方面建設的情景——這些珍藏在電影博物館裏的電影，留存著人類世界的文明。它們不僅述説著電影的歷史，也訴説著國家的歷史、地區的歷史、人民的歷史、每個人的小歷史……

很多人都説電影是虛幻的，是“投映在銀幕上的一處光斑”——那其實只是一種“物理”的説法。在我心中，電影是真實的，是我們人類內心最真實的寫照：那些我們平日裏無法表達的話，我們凝練後成為了電影的台詞；那些我們再也回不去的人生，我們如泣如訴地把它們放進了電影裏；還有那些我們對未來的期許、對宇宙的思考、對過去的懷念，我們都把它們放在了這一片光影之間……在它的律動中，留下了我們最真實的人生。

吉祥戲院

百年絕代風華的接續與升級

文　葛競

吉祥大戲院

北京王府井樂天銀泰大廈，從前也叫作吉祥大廈。光緒年間，北京城裏最好、最叫座的吉祥戲院正坐落於此，2021 年 7 月，當重建後的吉祥戲院在銀泰大廈的 7 樓正式開業時，各地的戲迷們蜂擁而來，迫不及待地想要瞧瞧，這個曾在 20 世紀的動盪中鼎盛一時的老牌戲院，如今這樣頗具現代意味地重張之後，成了什麼樣子。

走進戲院大廳，首先被一排明亮的落地窗吸引了目光，這天剛好日光晴和，暖洋洋地照射進來，顯得大廳更加金碧輝煌。走幾步，迎面是一幅《同光十三絕》的掐絲琺琅畫，佈局新巧，畫藝繁複，映著鮮豔的彩釉，令人忍不住久久駐足欣賞。

《同光十三絕》是晚清畫師沈蓉圃繪製於清光緒年間的工筆寫生戲畫像，工筆重彩，在京劇史乃至中國戲曲史上，都有重要的史料價值。出現在畫面的生旦淨末丑各行當的名角

一共 13 位，均是清代同治、光緒年間徽調、崑腔的徽班進京後，揚名四海的著名京劇演員。他們分別是老生四人：程長庚（飾《群英會》之魯肅）、盧勝奎（飾《戰北原》之諸葛亮）、張勝奎（飾《一捧雪》之莫成）、楊月樓（飾《四郎探母》之楊延輝）；武生一人：譚鑫培（飾《惡虎村》之黃天霸）；小生一人：徐小香（飾《群英會》之周瑜）；旦角四人：梅巧玲（飾《雁門關》之蕭太后）、時小福（飾《桑園會》之羅敷）、余紫雲（飾《綵樓配》之王寶釧）、朱蓮芬（飾《玉簪記》之陳妙常）；老旦一人：郝蘭田（飾《行路訓子》之康氏）；丑角二人：劉趕三（飾《探親家》之鄉下媽媽）、楊鳴玉（飾《思志誠》之閔天亮）。

與這些奠基人級別的老藝術家面對面，同京劇有關的時間隧道彷彿瞬間被打開。

吉祥大戲院
吉祥戏院与"京派"京剧
吉祥大戲院
越剧 梁山伯与祝英台
越剧 梁山伯与祝英台

走進劇場，20 世紀古色古香的老戲院如在眼前，場內主色調是古樸的朱紅，共分為上、下兩層，一層有將近 300 個座位，還有 36 個特意準備的古風茶座。彷彿為了應和“吉祥”之名，劇場的天花板上鋪滿了“萬字不到頭”的紋樣，隨處可見的裝飾彩繪，都是匠人師傅們一筆一筆描畫，籠罩著穿越百年的朦朧沉靜之美。熟悉這裏的老人説，曾經的吉祥戲院正像現在這樣，張揚煊赫，富麗堂皇。

清朝年間曾有明文規定，內城不得開設戲院、會館等犬馬聲色之所，因而早期的吉祥戲院便被矜持地稱作“吉祥茶園”。但由於茶水甘甜，台子又搭得漂亮，漸漸地，許多梨園名角都悄沒聲兒地來這兒登台。

這邊廂粉墨登場，水袖正翻飛，那邊廂慢悠悠呷著茶，閉目聽著咿呀彈唱。出了門兩邊都盡興，容光煥發地哼著曲兒，路上逢人便誇：要聽戲那還是得上吉祥！

一來二去，吉祥在京城中聲名大噪，經營者也跟著氣盛起來，將吉祥戲院的招牌擦亮，飲茶倒成了次要的事。

國家一級編劇、戲曲評論家張永和先生曾回憶説，自己四五歲時就在吉祥看戲，那時候吉祥的對面，還有個叫“清華園”的澡堂子，有的角兒演出前後會去那兒泡澡。又因為戲院挨著“東來順”，看戲前可以先吃涮肉，散了戲又能隨意找地兒吃夜宵，孩子們都很喜歡。著名武生葉金援老先生也曾説：“王府井小吃店就在戲院旁邊，那兒的奶油炸糕特別好吃。”

愈是動盪的年代，愈催生燦爛的文明。吉祥戲院聲名最響的時候，“四大名旦”梅蘭芳、尚小雲、程硯秋、荀慧生都曾在這裏表演。

1915 年，梅蘭芳在吉祥園首演了他的第一部古裝新編戲《嫦娥奔月》，隨後又陸續排演了《黛玉葬花》《宦海潮》《麻姑獻壽》等劇目。到最後，吉祥戲院乾脆變成了梅劇團專屬的排練場，連梅先生自己也説：“那幾年我在吉祥園演戲的時候最多，所以排了新戲總是在那裏演第一次。可以説我的舞台生活和吉祥園的關係是比較密切的。”

在 20 世紀中，吉祥戲院接連進行了四次大型翻建修繕，它誕生於舊王朝的末世，儘管深受人們的喜愛，卻終究沒能留下來。1993 年，王府井東安市場即將進行改造擴建，吉祥戲院也面臨著被拆除的命運。當年 10 月，戲劇界人士聯合發起了一場吉祥戲院的告別演出。

那一天，是真正的群英赴會，滿座濟然。據説最後一場駱玉笙先生演出的門票早早售罄，然而直到散場後，從各處趕來

聽戲的人還久久不肯離去。彷彿是一場繁華大夢終於落幕，隨著 20 世紀的西沉，吉祥戲院迎來了自己漫長的蟄伏期。

很長的一段時間，沒有人再提起這裏的故事，但許多個寂寞的傍晚，許多次哼著小調又悵然收聲的瞬間，無數老戲迷和梅劇團的梅葆玖老先生始終在等待並呼籲吉祥戲院回歸。

功夫不負有心人，2021 年，在北京市文化和旅遊局的推動下，新吉祥戲院在王府井銀泰大廈正式落成。這裏其實正是吉祥戲院的舊址。隔了 28 年，在各方的努力之下，終於續上那山河帶礪、恍然若夢的弦音。

新吉祥戲院的總經理段思明説，重建的吉祥戲院“高精尖、小而美”。

這裏的劇場採用了國際先進標準的設計，牆面的塗裝材料十分特殊，收音效果好得驚人，有時候演員即使不戴麥克風，也能將自己的聲音送到觀眾耳畔。坐在一層的位置上，聽著演員柔潤的唱腔，只覺得珠落玉盤。

幾次改建過後，當年的吉祥戲院只是單純的聽戲飲茶，並沒有旁的消遣，喜愛來這裏的也都是些富貴閒人。如今，管理者在戲院內部增設了遊戲廳、電影廳等娛樂場所，使遊客們的選擇變得更加豐富，也更加符合年輕人的消費期待。

如今的吉祥戲院，舞台更加高級，裝潢也更加富麗精緻。即便不聽戲，也可以來院裏坐坐，嚐嚐這裏新推出的京味兒小吃。白天，這裏經常會舉辦一些藝術沙龍，有時還會有一些與非物質文化遺產相關的藝術課。前段時間，戲院就邀請“泥人張”的傳人姚曉靜老師來給孩子們上課。聽説偶爾還會有劇團來這裏排演新戲，可以通過預約的方式趕來現場圍觀。

後期的吉祥戲院還可能推出這裏特有的“戲曲劇本殺”活動，讓遊客們自己扮成戲曲中的人物，沉浸式地加入戲曲故事中。在裝扮的過程中，工作人員還會給大家講解，妝容為什麼要這麼化，某個臉譜上的元素代表的是什麼。然後，在“劇本殺”的遊戲環節裏，還要通過還原某一戲曲的經典動作得到通關線索。這樣一來，遊客們既玩得開心，同時還能更加深入地了解傳統文化。

百代繁華轉眼過，雕樑畫棟裏曾上演過多少癡男怨女鐵馬冰河。如今的吉祥戲院已煥然一新，頗有點為往聖繼絕學的勁頭，耀眼蓬勃。辭舊迎新的元旦期間，吉祥戲院獻上了三場精彩紛呈的大戲，元旦當天演的是《龍鳳呈祥》，單聽名字就紅彤彤滿是喜氣。今後，在這個寬闊明亮的朱紅色劇場中，一定會有更多的精彩等待著我們，一起期待吧！

閱讀空間

在流年碎影中
邂逅先賢

文　辛西生

4th ESTATE
MATCHBOOK CLASSICS
Faulkner
Updike
Nabokov
Wilson
Miller
THE ERASER
CALDER

1912 年 12 月 31 日，魯迅在日記中寫道："京師視古籍為古董，唯大力者能致耳。今人處世不必讀書，而我輩復無購書之力，尚復月擲二十餘金，收拾破書數冊以自怡悅，亦可笑歎人也。"翻閱《魯迅日記》，自 1912 年到北京至 1927 年南下，15 年裏除了在教育部上班、教課之外，他人生兩大事，一是到琉璃廠泡書店，另一是吃小館。不只魯迅，所有在北京生活過的學者、作家無一不是琉璃廠書肆的常客。

民國時期，顧客到書店先坐定，沏上茶，要什麼書跟夥計一說，夥計會把書拿到你面前。如果沒有，可囑咐夥計代為尋覓。看上某種書，也可先拿回家，過幾天書店夥計自會上門，喜歡付錢留下，不喜歡拿回去便是。在書店看書，有熟人來，還可聊天、探討，夥計也會向顧客請教書籍知識。時間久了，書店夥計都成了專家。當時的書店既賣書又兼具沙龍、茶館功能。

新中國成立後，新華書店雖然也服務熱情，但經營模式已和百貨公司一樣，買書只能隔著玻璃櫃台請服務員拿。要想在書店坐下慢慢看，只有去賣舊書的中國書店各門市部，但茶水是沒有的了。

20 世紀 90 年代中期，從老牌的王府井新華書店到後起的北京圖書大廈都改為開架售書。更有三聯書店獨樹一幟，圖書銷售之外，設休息區兼賣咖啡，成為北京一道文化風景線。21 世紀初，依託海淀各大學，主營人文類圖書的萬聖書園、風入松等開業。北京書店呈現傳統新華書店、大型綜合書店、特色書店並立的格局。

隨著網絡逐漸發達，一方面圖書銷售逐步轉向網絡，另一方面閱讀方式也向電子閱讀轉型。熱鬧的書店迎來巨大挑戰。虧損者有之，關閉者有之，轉型成為不二之選。閱讀空間的概念由此誕生。不僅是賣書，文創產品展示銷售、咖啡廳、活動場地功能等，共同構成閱讀空間。也可以說在一定程度上，閱讀空間其實是接續了北京老書肆的傳統。

閱讀空間提出的同時，文創空間概念亦同時興起。諸多老廠房、胡同公房被改造為文創空間。閱讀空間一部分和商業地產結合進入大型商場，一部分進入文創空間。

模範書局較早和歷史建築結合，老店所在的前門楊梅竹斜街是北京最地道的老胡同。窄小的門臉、民國初年的建築風格和略顯幽暗的店面，新舊書籍、文創和部分無法分類的舊物，成了模範書局最初的樣子。嚴格說這還不算閱讀空間，功能上仍是傳統書店。此後，模範書局也進入商業地產、藝術場館，它的大手筆是"詩空間"的建立。

模範書局 · 詩空間位於佟麟閣路。佟麟閣路是北京僅有的 3 條以近代人物命名的道路之一。在這條不長的街上有不少歷史建築。模範書局 · 詩空間對面就有隱藏在新華社家屬院中的北洋政府議會舊址，據說牆面上還留有當年議會開會上演全武行飛台燈、飛硯台的痕跡。

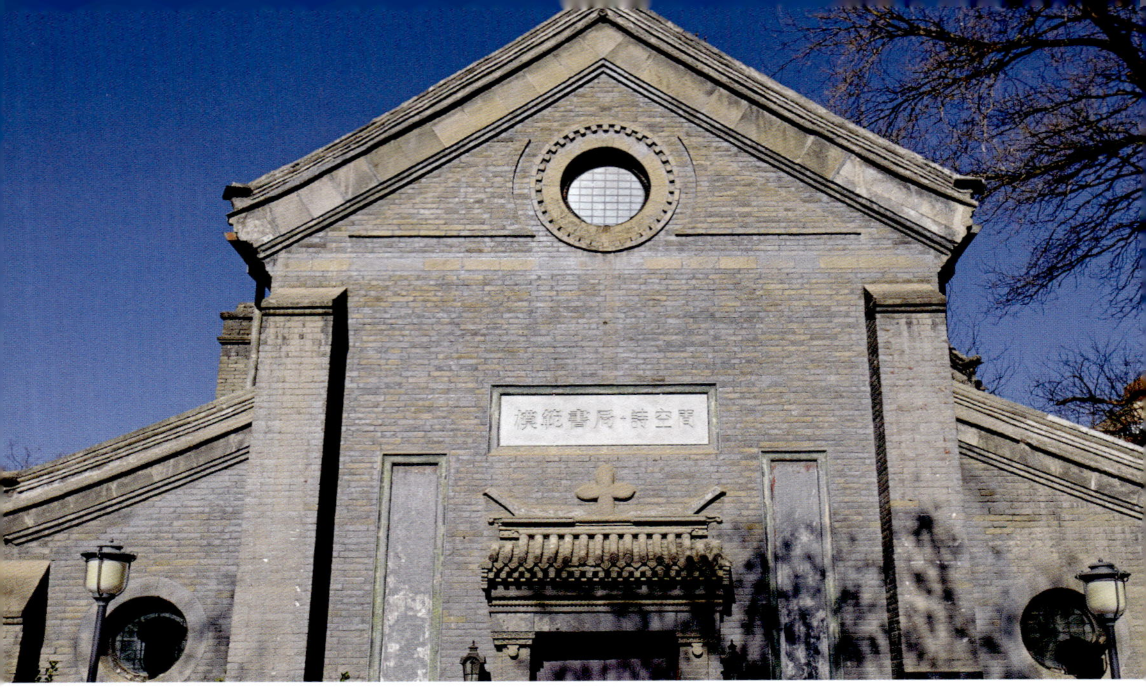

模範書局·詩空間所在地是北京中華聖公會教堂。這座教堂始建於 1907 年，相對於離它不到兩公里的宣武門南堂，只能算北京教堂中的小弟弟。聖公會堂早已失去宗教功能，長期作為單位倉庫使用。雖然是全國重點文物保護單位，卻一直沒有被很好利用，直到模範書局進駐。模範書局保留了教堂原有肌理和風格，花窗、原木色廊柱及穹頂。走進模範書局·詩空間，有一種不同於其他書店的肅穆感。這種肅穆既來自宗教建築本身，又來自迎面矗立的巨大書牆。書牆幾乎是閱讀空間的標配，模範書局·詩空間書牆獨特之處在於巧妙利用建築本身的高大營造出震撼氣氛。

模範書局·詩空間正中是讀書舞台，既可以舉辦活動又能隨意坐臥。四周被廊柱和書架分隔成一片片小空間，當穹頂陽光射入，呈現出迷幻的效果，在這樣的氛圍中找書，彷彿在霍格沃茨學院圖書館尋找終極魔法。

模範書局·詩空間的咖啡也不同別處，通常意義的美式、拿鐵、摩卡是沒有的，有的是“紅樓夢”“將進酒”“惡之花”和“追憶似水年華”。不知飲上這樣一杯咖啡，讀起書來興味是否也變得濃郁。

與模範書局喜歡利用歷史建築不同，來自新加坡的 Page One，北京 3 家店都位於最潮流商業區，這與 Page One 主打外文原版書的調性相符。3 家店中北京坊店本身雖然設計十分時尚，但周邊氛圍卻無比北京，甚至許多人走進它，既在享受閱讀空間，也通過它領略別樣的北京風情。

進入 Page One 北京坊店，依然是一面面巨大書牆、專門的文創產品展區和相當大的咖啡休息區。因為有 3 層樓，這裏圖書種類相當全，尤其一些進口畫冊、設計類圖書，一般書店見不到。

從書店向南望，透過窗邊一排排綠植，外面是斑駁的灰牆，牆後就是代表著北京的胡同。向東望，幾座拆遷過半的舊屋，講述著城市變遷的故事。北望，左邊是交通銀行舊址，不遠還有鹽業、正金銀行舊址，20 世紀初中國現代金融由此起步。三樓北向的大窗永遠聚集著舉著手機的人群。黃昏時分窗外的前門箭樓沐浴在夕陽中，呈現出絢麗的玫瑰紅。這座銷

售世界各國知識的書店，被古老的北京包圍著。如果説模範書局 · 詩空間是借古開今，Page One 北京坊店則連通古今。

　　三聯書店原總編輯范用回憶漫畫家丁聰，説丁聰每次路過三聯書店總要進去買幾本書，實在沒的買就買一份北京地圖，

以至家中地圖成沓。現在當我們置身閱讀空間，在享受醇美的咖啡，與友人相談甚歡，留下青春倩影之外，有沒有想帶一本書回家？雖然閱讀空間早不是傳統書店，但讓每個人愛上閱讀仍是它的最終奧義。

角樓圖書館

在四季輪迴中
體驗“最北京”

文　小歐

英子那雙純潔清澈的大眼睛是多麼令人難忘！電影《城南舊事》是一部經得起時間考驗的傑作，它能讓人有深深的共鳴。作家林海音原著的寫實和細膩，著名導演吳貽弓的點化，沈潔、張豐毅、鄭振瑤等演員們真實生動的表演，把孩子的天真、成人命運和際遇的悲歡離合表現得可信可歎。使人難以忘卻的，還有電影中呈現的老北京胡同裏的生活，不僅能看到，彷彿還能聞到，也能聽到一天中不同的時刻，街巷裏傳出的叫賣聲此起彼伏，電影裏的生活有著真實的質地。

電影向我們展現了那麼多的民俗，剃頭挑子的彈片響亮清脆，磨剪子磨刀的吆喝悠揚起伏，打糖鑼、賣切糕和落花生的挑擔，還有以物易物的小販，推獨輪車賣水的小販，夏天打竹簾子，唱話匣子的留聲機吸引來全胡同的孩子……

時過境遷，叫賣聲迭起的老北京胡同特色漸漸消失了，但在角樓圖書館裏流連的那個下午，我忽然感到好像舊日重現，

到處都是如同電影裏那樣往昔生活的影子，《城南舊事》如在眼前。在一樓，沿牆排列、間隔有序的透明玻璃展櫃裏，是一個常設的老北京器物展，展出的都是鈴鐺、鑼、鼓、梆子等從前老北京五行八作的響器。還有一些日常生活中使用的用具，現在要同時看到這些齊全的老物件，恐怕也都不容易了。一樣一樣地細細品味，收古董的小鼓、吹糖人的糖鑼、小孩用的銅鑔、耍猴的鑼、剃頭用的響器指鈴、女紅線板、駝鈴、打更用的梆子……每一樣物件都有著使用過的痕跡，透過歲月的包漿，過去悠然的生活好像也被漸漸顯影。

這是一家“最北京”的圖書館，這麼説並不為過。身處復建的古建築中，角樓圖書館本身也古意盎然。如果更準確地表述，這裏應該是“明清時期北京外城東南角樓”，因為位置離左安門近，所以漸漸地被人們稱為“左安門角樓”，實際上，左安門城樓並沒有角樓的配置。

北京的外城始建於明嘉靖三十二年，也就是 1553 年，在內城城牆外加建一圈外城，這樣形成一個“回”字形的結構，兩圈防禦，可以增強城池安全，抵禦外敵入侵。然而由於資金不充足，外城只修建了南面一部分，此後就未再擴延，北京城的平面輪廓就形成了一個“凸”字形。而修建於 1553 年的北京外城東南角樓，就正好是在“凸”字形的右下角，它的地理位置曾經一度非常重要。

外城東南角樓的復建，專門請了文物研究部門進行了遺址

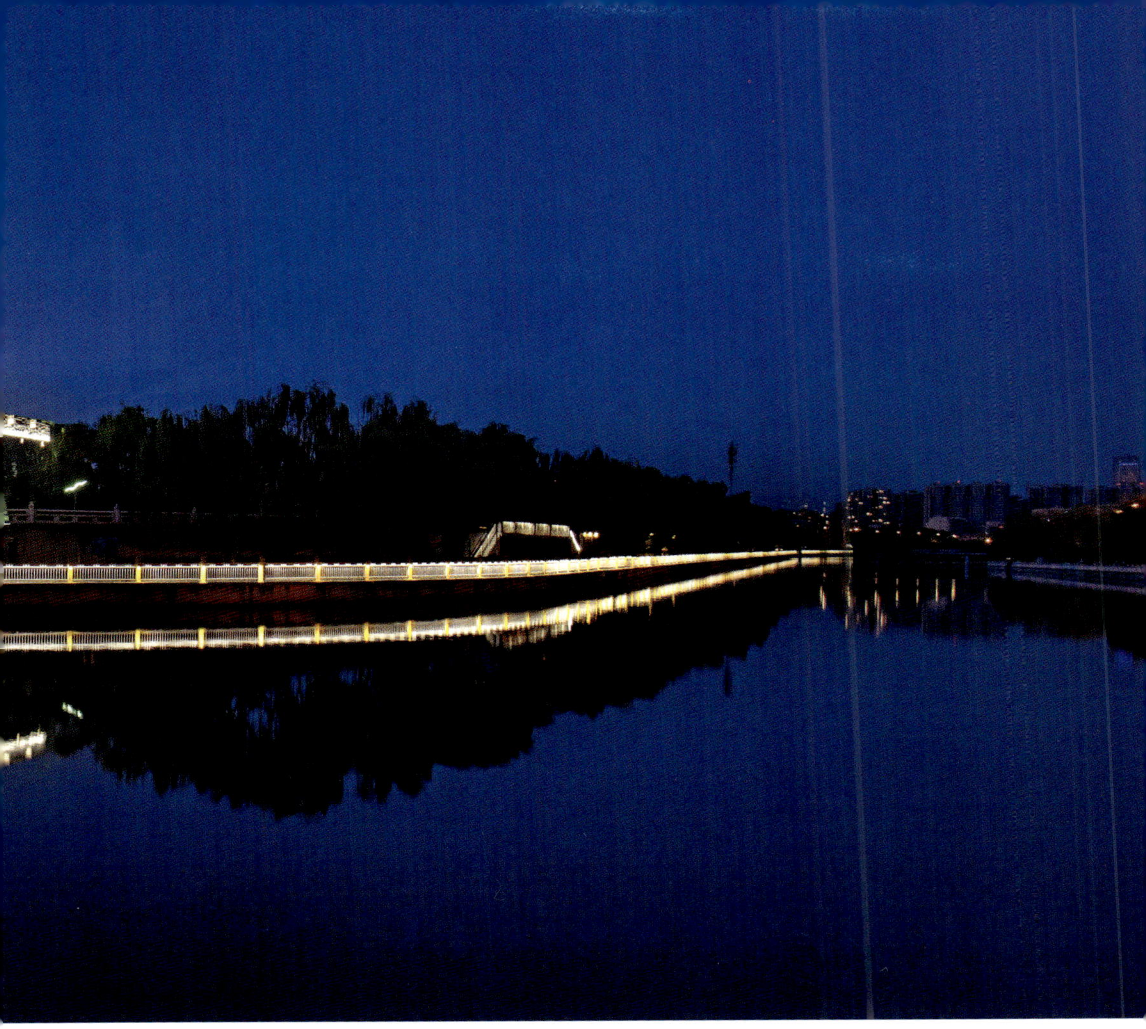

考古勘探。它當年的一部分遺址是處於現在的護城河道位置，因為河道拓寬，原址難復，於是經過專家討論方案，把它選址在東二環的拐角處，往兩邊修了一個 30 米和 10 米的城牆襯托著角樓。舊時的風貌復原了，外城東南角樓與明城牆角樓、前門箭樓、永定門城樓形成了“一壇居中、四樓環繞”的景觀。這裏也被設計成為一個具有北京歷史文化特色的角樓圖書館，不但聚集、融合了老北京文化特色，也承擔著圖書借閱、文化展覽、文化交流的一個平台功能。

圖書館的內部設計因地制宜，又多有巧思。原本是防禦用途的角樓外牆，並沒有窗戶，於是內部做了許多人造窗戶，用多源的燈光照明。窗戶的玻璃採用古代的冰裂紋，不但顯得很敞亮，而且古色古香。一層是展覽和活動區，在這裏，時常會舉辦以老北京文化為主題的展覽。層高不高，於是頂部設計成拉軌，展覽的展板根據需要可以隨意拖曳和拼搭，也可以讓展覽的形式隨時靈活變化。

二樓的閱覽區，風格也是古色古香，書架暗紅色，配著藍色的祥雲圖案。這裏空間很寬敞，紅木的書架桌椅勾畫著藍綠紋飾的橫樑，仿牆磚的壁紙，青磚鋪就的地板，藏書也都是北京本地主題的書籍，民俗、建築、自然科學等。這裏現有的地方文獻圖書近 7000 冊、紙質報紙 30 多種、期刊 100 多種，如果想完整地了解北京城的歷史，在這裏都可以查索到有價值的資料。

在這裏，甚至還能看到老舍先生《駱駝祥子》的手稿，紙頁上有著密密麻麻極為認真的修改標注。看著老舍先生留下的這些筆跡，彷彿能窺見作家的寫作思路。在烈日與暴雨下奔跑掙命的祥子、潑辣彪悍的虎妞、可憐的小福子恍惚間如在眼前。圖書館時常邀請與北京文化相關的作家、學者作為閱讀代言人，在這裏舉辦主題講座。最近剛剛舉辦的一個講座，就是關於北京文化的精讀，講北京的中軸線，以及古代的祭祀文化。因為特色鮮明，大家就感到很新鮮，不但年輕人被吸引過來，歡歡喜喜地拍照打卡，附近的老年人也時常沿著護城河散步時，到二樓閱覽室坐一坐，翻翻報紙，看看雜誌，歲月靜好。

最值得一說的還有這裏經常舉辦的許多活動。翻看角樓圖書館的公眾號，就可以看出往年角樓圖書館策劃的活動非常豐富，針對不同的人群、季節、時令，多有不同，就像是多主題的變奏。

角樓圖書館有一個傳統的活動——“來角圖過中國節”。這個活動是常年都持續在做的。清明時節，有名家風箏展，可以看到各樣巨大又精美的風箏，還能學畫風箏；端午節則是做粽子，做端午的彩繩，講解屈原的詩作。很多非遺傳承人被邀請來展示技藝，製作毛猴、兔兒爺、宮燈等。冬天最受歡迎的活動是做冰糖葫蘆，現場還會給大家分享一些民俗知識。

週末，這裏會有一些手作和繪本讀物分享的活動，很適合家庭一起參與。去年“十一”假期期間的“角圖博物季”活動就深受歡迎，網上報名的名額很快滿員。這些活動因為口碑良好，經過口口相傳，變得炙手可熱，常常是報名方式剛一放到網上，名額立刻被“秒殺”。

這一次圖書館邀請來古生物博物館、科技館等七大博物館講座的館長、金牌講解員，為大家詳盡地介紹博物館，也有相應的手作遊戲：在一張紙上，貼出各個星球的精確位置，直觀地了解到每個星球之間的距離。

如何吸引來更多的年輕人呢？圖書館的三層是一個開敞的屋頂平台，可以俯瞰護城河，眺望北京城。夏天的時候，這裏曾經舉辦過露營活動，參與者帶著帳篷，紮營在二環邊的屋頂，吹著夏夜的風，城市漸漸安靜了，深夜可以看到天幕上晶亮的星星。

在角樓圖書館過端午和中秋、圖書館夜讀日，讓年輕讀者相聚在一起分享、交流，開始了與角樓圖書館的奇妙緣分。而

“星空電影院” 能從 6 月持續到 9 月，每週五的晚上都會在天台上放映一場電影。電影散場，明月高懸，在角樓燈光的映襯下，可以看得到夜空中有流雲浮散。

在角樓圖書館，我有一個強烈的感受，就是 “聯結”，既是各種文化的聯結，也是人的聯結。圖書館並不是傳統的功能單一的圖書館，不但空間被有效地利用，而且通過活動，將這個城市四面八方的人吸引過來。有了這樣的聯結，往昔胡同裏那種溫潤的人情味兒也回來了……

03

三里屯太古里
新首鋼
大興機場
隆福寺
古北水鎮
北京歡樂谷

Beijing 活力

三里屯
太古里

在年輕的潮流尖端
衝浪

文　葛競

太古里
TAI KOO LI
三里屯
UNI QLO
UNI

屹立於歷史長河之中，閱盡滄桑卻風韻更佳。隨著時代的發展，萬古人間的北京城已然成為世界文明匯集的中心，多元文化的碰撞、交融，也給這座千年古都注入了全新的活力。

如果你有時間，可以試著在某個暖和的冬日，乘坐 10 號線地鐵到團結湖站，A 口出，西行 500 米，到三里屯走走。

在這裏，四通八達的胡同通向了不同的風景，藝術再度賦予古老的北京城別樣的生機。濃郁的京味文化滋養了三里屯，而國際化的發展方向又賦予了它全新的面貌，使它一躍成為這一時代北京城裏最具活力的先鋒地標。

2022 年新春開年，冬奧會在北京舉行，“雙奧之城”的冠冕讓這座既古老又現代的城市更添光彩。舉國上下的人們都沉浸在節慶般的歡樂中，一次次被健兒們敢於挑戰敢於勝利的英姿折服，這其中最耀眼的莫過於那個海淀黃莊補過課、韭菜合子充過飢的北京大妞谷愛凌，小姑娘在冬奧會賽場奪得兩金一銀，這個活潑時尚勇敢可愛的姑娘和許多時尚的年輕人一樣，曾經也在三里屯打過卡。兩金一銀在手的她後來在接受採訪時表示：“賽後一定要去三里屯逛一逛。”早在那之前，谷愛凌就在三里屯拍過一組充滿活力和青春氣息的照片，她對這裏留下了深刻美好的印象。

或許你會好奇，北京三里屯究竟有著怎樣的魅力，使得當下無數年輕人對它心馳神往？

傍晚時分，夕陽西沉，正當許多商業街、小胡同逐漸冷清下來，三里屯卻開始逐漸熱鬧起來了。這是北京的另一張面孔，是城市燈光映照著的青春而時尚的北京。人們捧著熱乎乎的糖炒栗子、糖山楂，呼朋引伴、熱熱鬧鬧地聚攏來，像游魚靠近一片光的海。

就像這座古老大城的每一寸土地一樣，這一片時尚街區當然也有它的歷史過往，這裏曾因“內城三里”而得名。其實在明清時期，三里屯指左家莊、朝外大街等合圍地域。而到了新中國時期，隨著外交公寓群的建立，三里屯一帶便發展成了駐華外交大使的生活社區，慢慢開始紅火起來。再到後來，酒吧街也出現了，三里屯徹底成為了北京城夜裏最熱鬧的地方。來自世界各地的客人，每每到了北京，總惦記著要來三里屯小酌兩杯，這也為三里屯這種五方雜處天下一家的文化交融的特質奠定了良好的基礎，為今後的商業發展提供了無限的可能。

由於其開放、包容與國際化的商業經營理念，三里屯太古里被譽為世界“首店收割機”。2008 年，奧運聖火在華夏大地上傳遞的同時，中國第一家 Apple 零售店在三里屯太古里開業，宣告著三里屯潮流商業的繁榮時代正式到來。從那之後，世界各大潮流品牌紛紛選擇三里屯太古里作為首店落戶。三里屯的時尚號召力逐漸自信地展露於世界的眼前。

三里屯太古里的設計靈感來自老北京的胡同與四合院，在傳統的基調上融入時尚元素，賦予古老事物以新的面貌。通過幾何形的造型和大膽飽滿的用色，賦予每幢建築獨特的外觀和

個性，打造出一種具有國際性的外觀設計。

從南進入，一路向北，人們能清晰地感受到太古里南北兩區的不同。南區主打時尚潮流，北區則主打奢華內斂，兩者共同組成了一個具有縱深感的商業綜合中心。有趣的是，太古里南北兩區既規劃清晰，又相互關聯，它們並非是分隔而開的，而是相互“開放”，相互“映照”。

剛踏進南區，便被位於頂端巨大的裸眼三維天幕勾住了視線：飛濺而出的冰凌、活躍跳動的神獸、奔馳而來的賽車……每一幕都極具視覺衝擊力，彷彿下一秒便要衝出屏幕，來到遊客的眼前。鮮活的彩色建築，耀目的燈光，搭配極具律動感的音樂，讓人即使在寒冷的冬季也會忘記凜冽的寒風，情不自禁地跟著節奏舞動起來。

除此之外，南區還聚集了眾多適合年輕人的快時尚品牌，從運動、服飾、美妝到餐飲、數碼、音樂……一切你所能想到的，與生活相關的，應有盡有。在這裏，人們總會忘記疲乏，迫不及待地走街串巷，在不同風格的店鋪中來回切換。從地下商場到主題廣場，再到多層錯落的各大商店……一邊尋找自己心儀的產品，一邊接連打卡一個又一個拍照勝地，目不暇接，驚喜不斷。

繼續向北走，便會來到一條曾被戲稱為“髒街”的小巷落。經過長時間的開發重建，昔日的“髒街”早已煥然一新，將南區和北區巧妙貫通。踏入這裏的瞬間，一股溫和舒適的生活氣息迅即浸潤著每一個毛孔，使人逐漸從南區的餘韻中平靜下來。冬日裏暖色的燈光，映襯著小店鋪“番茄口袋”的童話氣息，藏在櫥窗裏的毛絨玩具、盲盒禮品、數碼相機令人忍不住駐足。再向前望去，書香濃郁的三聯韜奮書店將安頓躁動的人們——挑一本心儀的書籍，點一杯可口的咖啡，來到設計立體現代的閱讀位落座，舒適的環境讓人倍覺撫慰。

書店裏聚集了許多年輕的學生，他們眉眼稚嫩專注，穿著前衛陽光。潮流與生活氣息的融合，構建出片刻的安寧美好，使這一個本該困倦的夜晚變得舒適而平靜。

踏出書店，心情已然平復。繼續向前，映入眼簾的便是青綠色的“瑜舍”酒店。此時我們已經來到奢侈品的舞台——太古里北區。

與南區的繽紛律動不同，北區的整體氛圍沉穩而大氣。深色的主基調，搭配跳躍的撞色雕塑，讓這裏一掃舊時的沉悶，迸發出現代藝術的火花。南北兩區交相輝映，是對太古里“開放、國際、包容”的多層次經營理念最好的註解。

目光轉向四周，第一次過來的人們會驚訝地發現，儘管太古里與周邊建築親密依偎，卻始終保持著各自的特色。常客們都説，三里屯太古里能如今天這般耀眼，與它周圍的環境密不可分。

周圍的使館區彷彿就是三里屯的背景音樂，它為三里屯的格調打下良好的基礎，讓許多國際友人得以乘興而來，在很大

程度促進了三里屯太古里的多元化、國際化。而除此之外，太古里南鄰工人體育場，北臨亮馬河。眾所周知，老北京工體是中國體育事業崛起的見證人。從亞運會、中國女排到足球聯賽，“工體”兩個字就是新時代活力與熱情的信號。不僅如此，這裏舉辦過許多場演唱會、音樂會，無數真摯的情感、千萬動人的瞬間都曾經並將會一次次地在此處匯集噴發，它們是三里屯太古里永不熄滅的青春火焰。

完善的商業設施、永遠年輕鮮活的文化氛圍、具有無限可能的時尚街區，作為北京城的時尚地標，三里屯太古里彷彿永遠跳動著青春的脈搏。隨著近年來的不斷發展，這裏向世界傳達的早已不只是繁華的街景，還醞釀和培育了一種明亮向上的“國際精神”：這裏是充滿活力與朝氣的三里屯太古里，敢於挑戰，衝破束縛，衝破新的變化；這裏是讓人熟悉又陌生的北京三里屯，擁抱國際，永遠年輕，一起走向未來。

adidas
adidas

太古里
三里屯
TAI
KOO
LI
UNI
QLO
UNI
QLO

新首鋼

當鋼鐵轉身變得時尚輕盈

文　臣光日

我對重工業有一種情結。小時候生活在農村，景美水甜，但得不到的，往往都覺得好，打小起，我就對城市有著很強烈的嚮往。在我幾歲的時候，身邊的哥哥姐姐不上學了，會去城裏打工。那會兒服務業不發達，大部分人都進了工廠。女孩幹的是紡織這類的輕工業，男孩就搞水泥、機械、鋼鐵等重工業。我自然就特別嚮往鋼筋水泥的硬度與溫度。

直到今天，我對長春、瀋陽、太原、唐山這些傳統的重工業城市仍有好感。我也喜歡反映重工業城市風貌的影視和文學作品，電影《鋼的琴》我就看了好幾遍。土地不會顯舊，青山和綠水更不會，但是工廠會。很多影視作品裏的工業背景，只剩殘垣斷壁，破敗且荒蕪，鋼鐵的硬度還在，但早已不再光亮。然而誰說舊的就不美？相反，它們將歷史沉澱下來，帶著油畫般的質感。它們不以鋒芒逼人，以發酵醉人。至此，我的重工業情結從發展層面上升到了審美層面。

新中國成立後，北京大搞工業化。“要站在天安門上就能看見工廠的煙囱冒煙”，這是一個農業國對工業化的強烈渴望。北京作為首都，就得是工業化的先驅與重鎮。首鋼就是在這樣的背景下不斷發展壯大的。首鋼在新中國成立後創造了很多個“中國第一”和“中國之最”，它不僅是北京重工業化的代表，也是中國重工業化進程中的地標。

我第一次見到首鋼，是在 20 年前的學生時代。剛剛初中畢業，難得來北京旅遊，但旅遊目的地裏包含著一座大型鋼鐵廠，這在很多人看來是一件匪夷所思的事情。從長安街一直向西，遠遠地就能看到高高騰起的濃煙，走近一點，能聞到煤炭燃燒的獨特氣味，那是北方冬天開始取暖後常能聞到的。作為南方人，羨慕北方冬天的暖氣，因此首鋼的“煤味”在我看來也是帶著溫度的。那會兒的中國經濟還沒有轉型壓力，濃煙就是活力，開工就是效益，首鋼的熱火朝天和北京城裏任何一處煙火氣一樣都顯得可親甚至可敬。

10 多年前，來北京上學，北京的霧霾天已經漸漸多了起來，經濟轉型勢在必行，首鋼也要關停搬遷。後來聽説北京冬奧組委進駐了，國家體育總局冬訓中心搬到了這裏，新產業園開建了。2020 年底，我再一次來到這裏。高爐還是那個高爐，管廊還是那個管廊，秀池還是那個秀池，但都換了一種玩法，鋼鐵轉身擁抱時尚、科技、體育、文化，它們自己也變得輕盈起來。

首鋼工作人員介紹説，三高爐是首鋼的功勳高爐，是首鋼第一座爐容超過 2500 立方米的大型高爐。今天的三高爐被改造成了展覽展示中心，黑黢黢的外表，被敷以彩色；生產空間被改成秀場；火紅的鋼水被炫目的燈光取代。對三高爐的改造不是獨立進行的，而是將其與周邊的風景及設施打造為一體。它的西側是山，下面是水，工業與自然和諧統一的設計理念在

此找到了用武之地。管廊變成了步道，冷卻池變成了風景，車間變成了文化創意空間，廠房變成了酒店，鋼鐵廠也可以這麼精緻、時尚。

大部分城市的重工業遺跡難逃持續蕭索的命運，新首鋼的價值就顯得更為珍貴，它的網紅之路也會更寬更廣。它就在北京城區，它是北京的一部分，它濃縮著北京的一段歷史。假以時日，它的價值可以媲美歷史更為久遠一些的古建築。

都說博物館是一座城市的靈魂，其實文明進步於此，城市本身就應該是一座歷史博物館，置身城中可以看到不同年代的歷史與文化，建築就是代表。國際上歷史悠久的巴黎、倫敦，將歷史與現代熔於一爐，既有成百上千年的老建築，也有今人創造的新建築。中國城市建設經歷過曲折，到今天，很多城市

首钢
极限公园
我行我SHOW

首钢极限公园
SHOUGANG INFINITE PARK

正在成為一個博物館，有的城市則具備成為博物館的條件。北京自是這方面最出色的一個城市，整條長安街就像一個博物館長廊，在這裏，你能看到 600 餘年的故宮、60 多年的人民大會堂、30 年的國貿商務區，慶幸的是，還有屹立百年的“新首鋼”。

登上三高爐的高點，整個園區都在眼底，它正在以一種新的方式生長，有著少年般的活力。從這裏看向東方，是繁華的北京城；南方，是園博園大片的綠意；西邊和北邊則是綿延的青山；在它的身旁，永定河蜿蜒而過。新首鋼園接壤綠水青山，又處於城市向山水過渡的地帶，這個獨特的位置還暗含著今天發展的寓意：轉型升級，擁抱綠水青山。

因此，無論就其內在還是外表、自身還是周邊、橫向還是縱向，新首鋼都是北京發展的一座新地標。2020 年底，我在千挑萬選之後，將家安在了新首鋼附近。這裏是絕佳之地，它滿足了我的情結，它還代表著首都北京的未來。

儘管首鋼在歷史上未必是網紅打卡地，更多的人也未必有像我這樣的重工業情結，但首鋼一定是一代人甚至幾代人的希望所在，以首鋼為代表的工業化托舉起我們關於美好生活與富強國家的夢想。

鋼鐵與水泥並不比土地與莊稼更高級，更高級的是人們的夢想與創造。

大興機場

這隻“鳳凰”安放了我的身心

文　馬遲

国际出发
地区出发

我最早接觸大興機場，是因為自己的工作。我在北京電視台播新聞，過去的 10 年時間裏，經常會播到有關大興機場的消息，比如 2010 年 12 月 1 日，機場建設指揮部成立；2014 年 12 月 26 日，機場正式開工建設……

但是，那會兒的大興機場於我而言，更多的是紙上文字，我跟生活在這座城市的大部分市民一樣，停留在"聽説"這個層面。

後來，大興機場漸次成形。觸動我的是，真實建起來的機場和圖紙上的機場，看起來還是不太一樣。尤其是通過我們的電視航拍鏡頭從空中俯瞰機場航站樓，其造型流暢、氣勢恢宏，就像一隻展翅的鳳凰，也像科幻電影裏才有的某某"科技基地"，未來感十足。

在中國傳統文化裏，鳳凰是百鳥之王，更是祥瑞，象徵著吉祥和諧。大興機場這隻"鳳凰"是經由中國的科技、建設力量將傳統意象化用而成的，它一方面牽連著中國文化的根，另一方面又有一種面向未來的新氣象。或許只有這樣的視覺呈現，才是這個時代該有的樣子。其實，從誕生到翱翔，大興機場一直都是"網紅選手"。擇空去大興機場轉轉，逛逛商場、看看展覽、拍個 vlog、發個朋友圈⋯⋯成了我身邊很多人節假日的新選擇。

我是在一個天氣晴朗的傍晚時分抵近機場的。我看到這隻"鳳凰"通體被夕陽染上金輝，與我身後北京城內的古代皇家宮苑交相輝映。它們相距只有幾十公里，但也相隔數百年。穿梭在它們中間，有時感覺就像進入了時光隧道，有時又感覺時間從來都沒有動過一分一秒，如夢如真。大興機場帶給人的衝擊，妙就妙在它脫胎於古老的北京，又與古老的北京隔著一定距離，沒有彼此不分的雜糅，沒有交融在一起的黏稠，只有兩個時代的對望。在這種對望中，人的感慨也就跟著厚重了起來。

儘管早有心理準備，但當我真的進到機場內部，還是被震撼到了——大，很大。英國《衛報》稱大興機場是“新世界七大奇跡之首”，是中國規模最大的空地一體化綜合交通樞紐。官方的數據顯示，機場屋蓋鋼架構的投影面積達到 18 萬平方米，相當於 25 個標準足球場那麼大。這些描述和數據都無法和我的感受畫上等號，那是一種超越了人們對建築習慣性認知的宏大。在如此龐大的“身體”裏，尋不到一根傳統意義上的柱子。機場只用了 8 根 C 形柱作支撐，彷彿巨大的花瓣。難怪國外網友感歎它“堪比外星人基地”。

大興機場不僅看著科幻，用起來更是如此。說實話，最怕開車去機場，怕路堵，更發愁停車。大興機場為旅客解決了這個後顧之憂。我們開車到機場後，將車放在指定位置，就去登機了，不用四處找車位，不用記位置，因為這一切都由停車場的“泊車小哥”也就是機器人代勞。等出差回到機場，可以在任何一個智慧停車機器前，等“泊車小哥”把車運到自己面前，前後不過幾分鐘。

除了停車，值機、行李託運、安檢、登機，這一整套流程都包含著機場精巧的構思和設計。這次我們從辦理值機到抵達登機口只用了 20 分鐘。如此高效率，歸功於機場五指廊設計，這讓旅客從機場中心到每條指廊基本都是等距的，即便到最遠端的登機口，搭個電梯 5 分鐘也能到。有了這次美好的體驗，後來我出遠門就會儘量選擇從大興機場出發。

G
办理乘机手续
Check-in
办理
乘机手续
Check-in

一直以來，我對美好生活的嚮往，是在天津與北京之間展開的。我是一個天津人，在天津出生，在天津長大，但祖籍是北京，北京也有很多親戚朋友，小時候就經常要往返京津兩地。在今天看來，京津並不遠，但在 20 世紀 80 年代，沒有私家車，沒有高鐵，兩地之間的綠皮火車要走 4 個多小時。因為火車慢，那時京津之間還有飛機通航，但價格可不是普通人家所能承受的，因此那會兒我覺得京津隔得好遠。

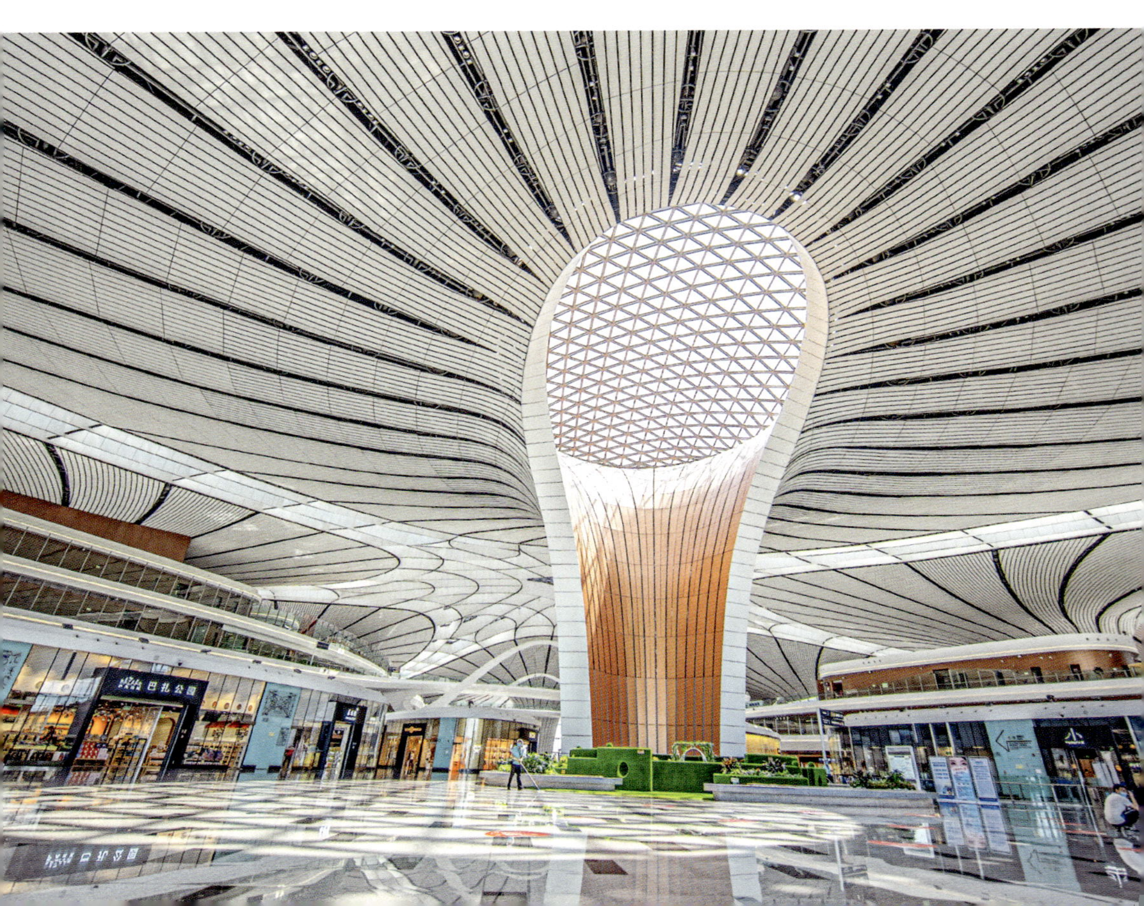

後來離開天津，到北京上學、工作，看似回到了祖籍地，但血液裏仍流淌的是天津的海河水。等再回天津，感覺自己又已經在北京扎了根。於是在文化上，我就成了一個“沒有故鄉的人”，找不到一個可以安放自己心靈的框架。直到國家提出“京津冀協同發展”戰略，我認為這為我從根本上校準自己的文化身份提供了可能，我不是北京人，也不是天津人，我是“京津冀人”。

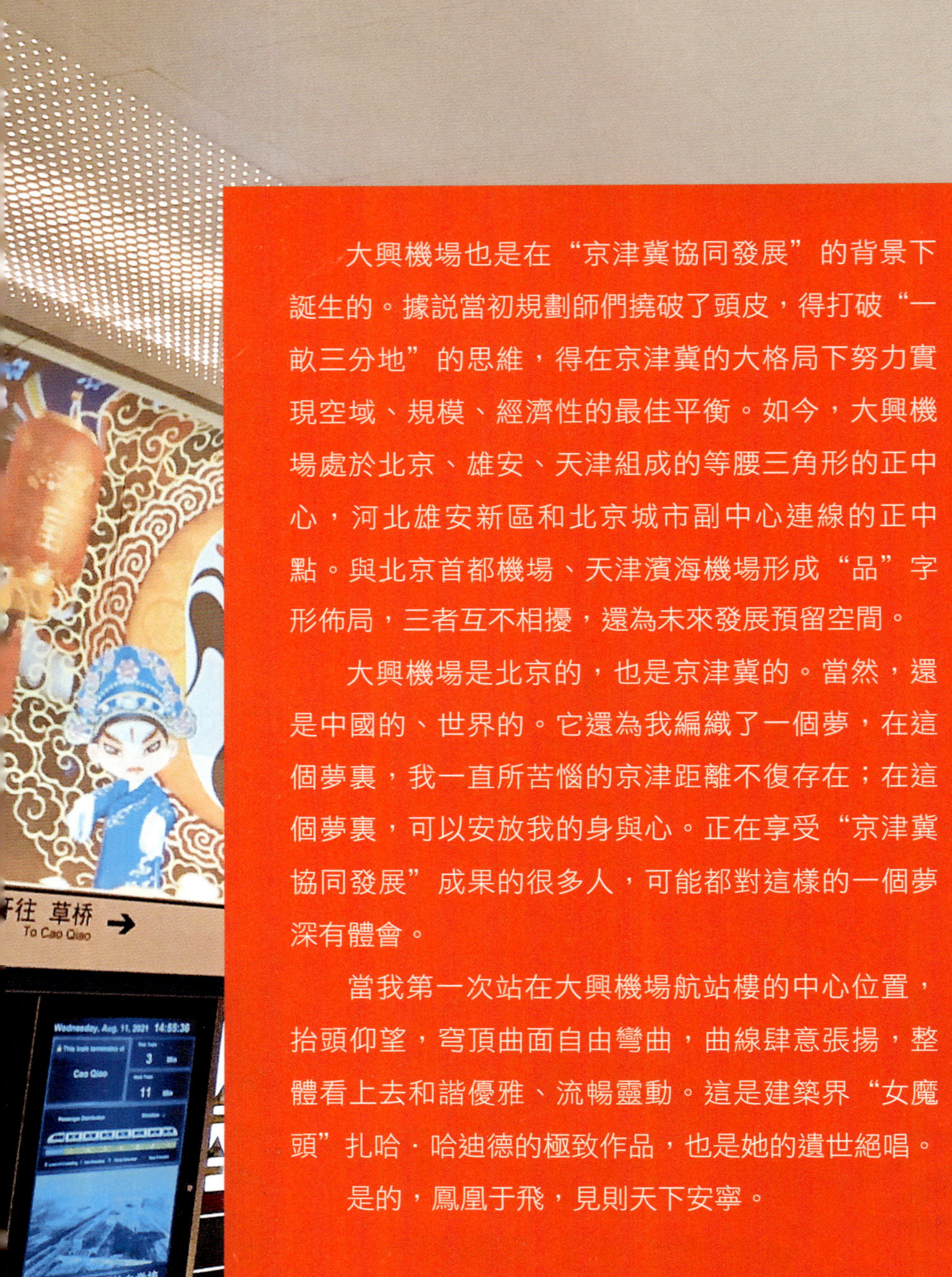

大興機場也是在“京津冀協同發展”的背景下誕生的。據説當初規劃師們撓破了頭皮，得打破“一畝三分地”的思維，得在京津冀的大格局下努力實現空域、規模、經濟性的最佳平衡。如今，大興機場處於北京、雄安、天津組成的等腰三角形的正中心，河北雄安新區和北京城市副中心連線的正中點。與北京首都機場、天津濱海機場形成“品”字形佈局，三者互不相擾，還為未來發展預留空間。

大興機場是北京的，也是京津冀的。當然，還是中國的、世界的。它還為我編織了一個夢，在這個夢裏，我一直所苦惱的京津距離不復存在；在這個夢裏，可以安放我的身與心。正在享受“京津冀協同發展”成果的很多人，可能都對這樣的一個夢深有體會。

當我第一次站在大興機場航站樓的中心位置，抬頭仰望，穹頂曲面自由彎曲，曲線肆意張揚，整體看上去和諧優雅、流暢靈動。這是建築界“女魔頭”扎哈·哈迪德的極致作品，也是她的遺世絕唱。

是的，鳳凰于飛，見則天下安寧。

隆福寺

融入市井與廟堂的天際線

文　盛蕾

“天哪……這裏還是隆福寺嗎？”

2021 年的最後一天，當我登上隆福大廈頂層的天庭花園看夕陽時，不禁被眼前美景震撼到説不出話來：昔日大名鼎鼎的隆福大廈，頂層如今是一片嶄新的純中國風建築群，整齊而耀目的紅磚碧瓦古代宮殿、紅色的圍牆，兩面圍牆中間分別是鏤空的天台景觀設計——夕陽晚照，萬里藍天白雲，配著燦爛蔓延至天際的霞光，在極具設計感的宮牆景框中俯瞰整個北京新舊城區，如同身在天庭……

被這絕美景色擊中的我，靜默地在這天台佇立了很久。

我的視線停留在下方不遠處某個明清時期的胡同裏，那裏有我的大學——20 年前，那裏生長著我的青春。

我的大學時光是在距離隆福寺兩站公交車程的中央戲劇學院老校區度過的。那是在 20 世紀 90 年代末，當時的周邊還很安靜，最熱鬧的地方就是學校不遠處我現在腳下的隆福寺地區。這裏曾經是我們這些學生的快樂天堂——我們經常在“體

驗生活”這個教學環節去這座大廈下面的小街裏觀察這裏熙熙攘攘的人群，週末也會和同學結伴去逛這裏熱鬧的集市。有時觀察累了，便和同學翻兜掏出為數不多的零用錢一起去小吃攤大快朵頤。如果有外地同學來玩，我們就一定會請他們去隆福寺最正宗的“白魁老字號”撮一頓……那個時期的隆福寺，是大家體驗市井生活的重要地點。

而隆福寺街口的三聯書店，則充當了我大學生活的另一個圖書館。因為是學生，口袋裏沒多少錢，買不起特別貴的書，我就經常週末一個人去那裏席地而坐，抱起幾本書一看就是一天……那個時候，三聯韜奮書店的工作人員看到我們這種捧著書或倚牆而立或席地而坐的學生，都默不作聲視而不見，從來沒有因為我們光看不買而下逐客令。後來，他們還貼心地在書架旁和靠牆的地方安放了小凳子，之後又做成了不顯眼的連凳。這些小小的暖心的細節讓我感受到北京這座城市的包容、體貼，也讓我看到它尊崇文化的底色。

收回望向母校的目光，迎著夕陽，讓目光重新出發——從西側觀景平台望去的遠方，是古老北京的景山、北海白塔、美術館、故宮紫禁城，日朗風清時，目光所及還能遠望西山環抱；而從東側觀景平台遠眺，則是高速發展、高樓林立的國貿CBD、中國尊等現代派新北京的天際線大全景——當此際，天與地、近與遠、繁華與寧靜、古老與現代……就這樣魔幻地交融了我們此刻的身心，而紅牆中"挖洞"鏤空的景觀設計，則讓人在東方美學的典雅中，通過一種"透視"取景器的設計感將遠古中國的庭院美學鏈接到了眼前，而"景框"邊專門設計栽種的迎客松，則畫龍點睛。這讓身為中國人的我，從心底自豪我們的文化傳承，不禁在心中對設計師高高豎起了大拇指。

據了解，整個隆福大廈改造方案由國內知名建築師、中國建築設計研究院總建築師崔愷院士主持設計。而此時我所站立的位於隆福大廈屋頂層的隆福文化中心，則是聘請了古建專家王世仁團隊進行設計。屋頂的仿古建築最初是在1998年重建隆福大廈時修建的，當時是為了舉辦空中廟會。而今，升級改造後的隆福文化中心作為國際文化交流平台，正在舉辦融古通今的瓷器等中華傳統文化的展覽。二殿中設有一尊密宗代表的大日如來佛，是 1997 年從廣濟寺“請”來的。隆福寺在雍正年間曾經是雍和下院，所以請來一尊密宗地位最高的佛，代表有求必應，這也讓隆福寺真的有了寺廟的靈光。許多高品質、多元化的文化交流活動，也常常在此舉行。

隆福寺地區自然是以隆福寺而得名，隆福寺始建於明景泰三年（1452），當時這裏是京城唯一的番禪合一——和尚和喇嘛同駐的寺廟。清雍正九年（1731）重建，成為純喇嘛廟，為雍和宮下院。從大清至民國，這裏的廟會曾是京城最重要、最熱鬧的廟會之一，並因其以書籍和高端藝術品交易為特色而被稱為“文廟會”。

新中國成立後，隆福寺地區建成東四人民市場，成為北京的核心商業區之一。1988 年隆福大廈建成營業，它是當時北京第一家使用自動扶梯、中央空調和計算機收銀的、最先進的百貨商場，與西單商場、王府井百貨、東安市場並稱為“京城四大百貨”，是改革開放後百姓購物的最主要場所。此外，隆福寺地區還聚集了長虹、東宮和明星三家影院，是當時北京影院最密集的區域——記得當年上學那會兒，有同學還曾無比羨慕那些拉著手進長虹電影院看電影的情侶——白衣蒼狗，一晃已經過去了 20 年。

今天再次來到這裏，真的是“人是物非”了——隆福寺地區的升級改造，就像被魔術師的“金手杖”點化過一般，這個北京城區最核心的地點煥發了繼往開來的蓬勃生機：當初熱鬧且凌亂的隆福寺門面房一條街消失了，有特色的好的品牌都被“請”進了隆福寺地區：北京特色書店“更讀書社”吸引著許多青少年和文化人士；聯合辦公 WeWork、知名華人建築師張永和的建築事務所等文化機構提升著這裏的專業素養；國際滑雪板領導品牌 Burton 的中國旗艦店、HALF COFFEE 等眾多“網紅”打卡店吸引著各路的購物達人……而特別吸引年輕人的還有一樣，那就是這裏的特色美食文化：定位為藝術高級中餐廳、在藝術圈有相當知名度的宴錦堂；國內最早一批經營精釀啤酒、2019 年被嘉士伯投資的已發展成樹立獨特文化且釀酒技術和創意走在前列的國內精釀品牌京 A；北京最知名的越南

菜餐廳之一、得獎無數的“SUSU”等，這些特色餐廳和精品酒店吸引了越來越多的年輕人，隆福寺再次成為了年輕人、時尚潮人常常光顧的文化消費新地標。

“古今隆福、開放首都、國際地標、文化四合”是整個隆福寺地區改造升級的定位新標籤——二期升級改造包含隆福寺南坊、長虹影城、隆福寺東院，2020 年 3 月已實現全面開工，預計 2023 年底完工。隆福寺東院將與國際知名博物館開展合

作，打造國際文化交流體驗區。三期升級改造則為四合院風貌區，未來將打造以博物館、設計師工作室、國學館、書吧等複合功能為主的四合文化慢生活區，滿足首都市民對美好生活嚮往多樣性的文化需求。在面向世界、面向未來的時空維度裏，隆福寺地區將成為老城保護的典範，打造“北京老城復興金名片”，成為“傳統文化與現代文明交相輝映、中華文化與世界文明協調共融的首都文化新中心”。

隆福寺地區是當今時代北京萬千復興地標中的一個縮影，它歷經滄桑浴火重生，以人類無限的創造力不斷地更新著，生長著……

如果有空，請常來這裏走走。如果傍晚時分來這裏，相信你也會如我體會過的那樣，將驚豔的時光和人生的感慨一起融入這市井與廟堂的天際線……

古北水鎮

星空之下
越夜越嗨越美麗

文　盛蕾

夜間子時去哪裏嗨？

若想把浪漫織進夢裏，就去趟古北水鎮吧！

古北水鎮被譽為“南方人的長城夢，北方人的江南景”，它背靠中國最美、最險的司馬台長城，坐擁鴛鴦湖水庫。子夜蒼穹星空閃爍之下，水鎮華燈璀璨，絢爛鋪滿城中山水，遙遙輝映著天上的星辰。若從長城俯瞰，那夜景堪稱一絕——此刻京城最浪漫唯美處，非此地莫屬吧！

幾年前的夏天，我曾匆匆來過一次，那時是白天，藤蔓翠綠成蔭，爬滿了整個水鎮，古樸典雅風景如畫。鱗次櫛比的房屋、青石板的老街、悠長的胡同、滄桑的邊關城樓，共同構成

了北方古鎮遺世獨立的氣質。水鎮內河道密佈，古老的湯河支流縈繞其間，古建、民宅依水而建，在藍天白雲、碧水波濤、參天古樹的掩映之下，宛如世外桃源，萬里長城就高高聳立在不遠處，守護著古鎮。

司馬台長城 1987 年被列為世界遺產，是我國唯一一處留下明代原型的古代建築遺跡。這裏的長城依險峻山勢而築，以奇、特、險著稱於世，保存有完整的 20 座敵樓，尤其望京樓築於海拔千米的陡峭峰頂，景觀絕佳，可遙望到北京城。它被聯合國教科文組織確定為“原始長城”，英國的《泰晤士報》2012 年曾稱讚這裏是“全球不容錯過的 25 處風景之首”。

秋天的時候，看到好友發佈在朋友圈的照片。我初見的綠色藤蔓已經火紅，明豔非常——那天，我發誓秋天時也一定要去感受這不一樣的色彩之美。然而好友卻説：“你還不知道吧？古北水鎮的夜晚才是最有看頭的。若想浪漫，就在那裏住上一晚……”

果然，冬夜的古北水鎮是清冷的，但這種清冷並不寂寞。

古北口地區素有“京師鎖鑰”之稱，是歷史上重要的屯兵駐紮之地。每當夜幕四合，華燈初上，遠山青黛，近樹婆娑，置身於長城腳下，可以真切地感受長城的剛毅偉岸、厚重典雅。提燈夜遊長城，則別有一番情懷。巍峨挺拔的司馬台長城盤臥山頂雲端，明黃的燈光映襯著古城磚，蜿蜒遠去，如金龍一般。這裏是國內首個開放夜遊的長城，燈光與星光映襯，踩在充滿“野”性的600年前的古石磚上，俯瞰長城腳下星星點點的水鎮萬家燈火，長城的壯闊與小鎮的柔美兩相呼應，美醉蒼穹。

提燈走橋，是夜遊古北水鎮的另一個情趣所在。

夜幕星空，冰雪映襯。此時，許多姑娘已換好美麗的漢服唐裝，提著中國傳統紙做的燈籠，三五成群在鶯歌燕舞中歡快地遊走在冰河邊的廊道上。那些燈籠映紅了她們青春的面龐，也照亮了水鎮的小橋廊簷。受她們的感染，我也提上了一盞燈籠，和同伴們一起遊走在這湯市街上，感受著燈火斑斕的夜色，等待著觀看詩意浪漫的無人機孔明燈升空表演。

這是國內首個無人機與孔明燈元素結合的夢幻大秀——隨著音樂緩緩響起，日月島廣場上鋪滿地面的無數紅彤彤的孔明燈搭乘著無人機陸續騰空飛起，一雙雙一排排，伴隨著浪漫音樂的節律，飛舞在夜空中，溫暖的燈光一點點地融化了夜空的孤寂，身邊的很多情侶都動情地擁抱在了一起。

無人機經過精準的操控，載著孔明燈慢慢在夜空中排出了 3D 立體圖案，忽而組成了長城的圖形，忽而變成了閃閃發光的魔法杖，忽而變成了搖動的搖櫓船，忽而又變成了愛心……待它變成了一個向著長城奔跑的少年，在古北水鎮的夜空中大步向前時，壯觀景象瞬間引爆了觀眾內心的"小雷管"，嗨翻了整個人群。大家紛紛舉起相機拍照留念，連連驚呼叫好！這是科技與文化深度融合的夢幻大秀。孔明燈在人們期待的目光中翩躚起舞，慢慢地，在人們留戀的目光中，一點點飄向遠方，落去了長城的方向……

這短短的 7 分鐘，竟讓我濕了眼眶。

寒冷的冬夜裏，好友給我買了一份古北水鎮的名吃古北烤梨：一整隻烤好的梨放在一個有蓋的小搪瓷缸裏，搪瓷缸也燙燙的，在冬夜裏尤其暖手。用小勺挖下一塊放進口中，梨子軟軟甜甜的，生津止渴，清甜潤肺，回味無窮……

手捧著這隻烤梨，我們來到了古北水鎮的望京街上。此刻的長城音樂水舞秀剛剛開演。這場大秀將整個實體存在的邊關望京樓作為演出背景，配合 3D 燈光投影，亦真亦幻。悠揚的

樂曲，水柱編織出種種美妙的圖案，演繹著水與火相融的傳說，訴說著古往今來與長城有關的歷史事件、英雄人物、軍屯文化、商貿文化、民風民俗等，如同奔赴一場山海壯闊的時空相逢……

看完大秀，月光正皎潔，單身男女可提燈去拜會一下月老祠——這位鶴髮白鬚的月下老人，專管世間風月，牽動手中的紅線，成就姻緣。若與所愛之人同往，虔心誠拜，結一同心鎖，留印在心語堂，便是今生姻緣的難忘足跡……

古鎮的夜晚，除了各種大秀，以及小橋流水的浪漫之外，還有一個絕棒的欣賞方式，就是登高望遠——我個人認為，有一個點位是超越了司馬台長城視角的，那就是山頂教堂和雲端咖啡屋。

這兩處緊緊挨在一起，同位於一座高山之上，是典型的古羅馬風格的建築，與古色古香的古北水鎮很是不同。我們走進

了山頂教堂旁邊的雲端咖啡屋，先是被那裏暖暖的咖啡香氣所吸引，在這個寒冷的冬夜，這個味道最能溫暖心窩。我們點上了自己愛喝的咖啡，走向陽台——在踏入觀景陽台的那一刻，我們都情不自禁地發出驚歎：夜幕下的古北水鎮，璀璨如星辰，安靜如處子。山川大地像是一個巨大的聚寶盆，兜住了一片璀璨奪目的萬家燈火……這是整個古北水鎮和司馬台長城的夜景全貌，這裏所有的美一覽無餘地呈現在我們的視野裏，我們好像擁有了上帝視角，擁有了一份無比愉悅和感慨萬千的美景體驗。

　　那晚，我和友人們坐在這個陽台上聊天，久久不願離去。友人告訴我，已經有人總結出了古北水鎮夜遊的“八大名玩”：提燈夜遊登長城、湖畔晚餐品長城、搖櫓湯河望長城、星空溫泉賞長城、品酒觀星醉長城、音樂盛宴聆長城、暢游泳池觀長城、枕夢星辰宿長城。

——確實，古北水鎮真的是越夜越嗨越美麗！最大的問題可能就是一個晚上的時間根本不夠，必須“二刷”“三刷”。

近日，文化和旅遊部公佈了第一批國家級夜間文化和旅遊消費集聚區名單，北京市的古北水鎮赫然在列。這次古北水鎮景區入選夜遊消費“國家隊”，正説明了古北水鎮夜遊稟賦異常優質。未來的古北水鎮將深挖青年藝術項目，如長城讀書會、長城音樂會、沉浸式實景“劇本殺”、戲劇演出等，打造集山、水、城、堡、寨、屯一體的長城文化夜遊小鎮。

夜晚的最後一個節目，去長城腳下枕水而眠吧。

古北水鎮擁有 43 萬平方米精美的明、清及民國風格的山地四合院建築，包含 7 家主題酒店、10 家精品酒店、28 家民宿客棧，美食也是獨具特色，是沉浸式體驗的絕妙所在。

冬天來到古北水鎮，泡溫泉也是必選。源自地下 3376 米深的鐵質溫泉，獲得了日本專業溫泉協會認證頒發的溫泉評定書。在氤氳溫暖的氣息裏，可以洗去工作中的疲勞和一路的風塵與寒冷。還可以在室外的露天溫泉邊泡湯邊遠眺長城，盡享浪漫星空……

燈光動感斑斕，城池壯闊神秘，古北水鎮的夜色裏應當藏著許多的故事。想在這裏擁有屬於你的故事嗎？那就懷著一顆期待的心上路吧。

北京歡樂谷

另一場夢幻之旅
在夜晚啟程

文　葛競

beach

南瓜小

遊樂園總是孩子們童年最嚮往的地方，歡笑、冒險、無拘無束，讓人不由想起童話世界的美妙。

北京孩子都知道北京歡樂谷，那是他們童年回憶中重要的組成部分，驚險刺激的遊樂設施、奇幻神秘的異國風情、絢麗多彩的舞團表演，都讓歡樂谷成為了充滿笑聲和尖叫聲的王國，直到夜色緩緩下沉，孩子們才會戀戀不捨地回家，心裏期待著下一次再來。現在，有越來越多的年輕人成為歡樂谷的常客，這不僅成為他們放鬆休閒、與朋友共度歡樂時光的好地方，也是忘記生活的壓力與負擔、讓自己的心境重歸單純快樂的童話世界。

對於歡樂谷而言，夜晚並非是歡樂的結束，而是另一場奇幻夢境的開始。當水晶神翼、奧德賽之旅、極速飛車等遊樂項目在黑暗中漸漸退場，舞台劇與燈光秀則在黑暗中緩緩登場。

在歡樂谷入口的附近，你能看到一座造型獨特的建築物——華僑城大劇院，在燈光映襯下，這座劇場如同一座水晶宮殿。傍晚時分，大型東方神話秀《金面王朝》正在這裏上演。整個秀分為 5 個篇章，以中國傳統神話《山海經》為依託，講述了一個充滿東方神秘色彩的動人故事：在中國古代的巴蜀地區有一棵神樹，飛鳥族在樹下繁衍生息。飛鳥族的女祭司能夠依靠金色的面具通達神靈，使用神力。而故事主角——飛鳥族的小公主——在一次飛行練習時，偶然遇到了受傷的魚躍族王子。小公主將魚躍族王子帶回神樹下療養休息，卻意外遭到神秘人的追殺。至此，一段充滿愛情、驚險的史詩故事正式展開。

為了給觀眾帶來視覺上的非凡體驗，《金面王朝》運用了非常多的表演手段，雜技、舞蹈、武術等多種藝術形式在舞台上共同上演，甚至會有真實的孔雀出現在觀眾席中！服化道更是炫酷，演員的服裝造型以《山海經》中的比翼鳥、文鰩魚為原型，運用大量府綢、幻彩紗、羽紗、蕾絲等面料，配合絢麗的燈光，在舞台上呈現出閃爍的效果。道具設計則大量採用“三星堆”元素，借鑒了青銅神樹、太陽鳥、青銅縱目面具等文物造型，展現出神秘的古老氣息。演出設備運用了開合大屏、冰屏陣列、投影紗等高科技手段，使得整場演出恢宏無比、震撼人心。

令人印象最為深刻的還是故事高潮中，數百噸洪水席捲山林的壯麗場面。這可不是用投影虛擬的洪水，而是真實的水在舞台上奔流！水霧在身邊瀰漫，隆隆的水聲在耳邊響起，帶給觀眾身臨其境的感受，將觀眾帶入魔幻境界。

看完《金面王朝》後，夜晚的燈光秀也陸續登場了！

《歡樂魔方》城市空間裝置體驗秀是歡樂谷燈光秀中的招牌項目。這大概是世界上最巨大的魔方了，它足足有十幾米高、30 多米寬。它由 76 組魔方矩陣組成，比魔方更加多彩，因為小立方體每面的色彩與圖樣都是變幻無窮的，方體兩側的魔方舞台整體向前傾斜 70 度，形成矩陣屏組。這樣的觀賞空間獨特而富於衝擊力，給觀眾帶來了強烈的觀賞體驗，彷彿走入了真實存在的魔法世界。這個裝置創造了一項世界紀錄，它是世界上最大的單體 3D 立體動作模組的舞台，當音樂響起，每一組都可以獨立自由伸縮，變換 80 餘種空間畫面。當觀眾在現場觀看時，既可以體會充滿科技色彩的未來感，又能體會洋溢著青春活力的動感。

在這場體驗秀的表演中有 4 個風格迥異的篇章。

首先是宇宙元素和北京天壇結合在一起的奇妙搭配。隨著黑色屏幕上出現的一絲白光，我們的視線乘著光芒快速在宇宙中穿梭旋轉，來到一名宇航員跟前。伴隨著兩顆星球的劇烈撞擊，我們穿越了時空隧道，來到了天壇腳下。一場由演員、舞台光效和粒子燈光所共同呈現出的表演震撼上演了，隨著快節奏的樂曲，黑暗中出現了金色勾勒出的天壇，一隻飛翔的火鳳凰騰空而起，徑直飛向觀眾。在立體屏幕的特殊效果下，這隻神鳥彷彿真的從舞台上飛到觀眾肩頭，在場的觀眾都不禁發出陣陣驚呼。

第二個篇章中，奇幻的城市景觀與人物影像在屏幕上震撼

顯現，和現場舞蹈演員的精彩表演相互呼應，巧妙結合。影像似真似幻，人物自由穿越現實與虛擬的空間。這比觀看一場 5D 電影更動人心魄，屏幕中展現了中國尊的完成過程，萬丈高樓平地起，北京的建築奇跡就這樣真實地出現在你眼前。跟隨飛機翱翔，觀眾置身於一座完全由光影與圖像組成的城市，而多名特技演員從天而降，配合鏡頭和畫面的變化，彷彿演員是從虛擬城市中穿行而來，虛幻與真實之間的那道牆被打破了。

後面的兩個篇章分別以“魔幻氣氛”和“時尚元素”為主題，同樣展演了兩場觀眾絕對意想不到的精彩，讓現場每一位觀眾的感官都沉浸在絢麗之中。

另一場光與影的演出便是《奇幻東方》，演出位於愛琴港。這場以多媒體聲光電深度互動的場景秀，將融匯東西方古典美學為核心思路，展現了“浪漫 · 愛琴海”“秘境 · 東方”“奇幻 · 歡樂谷”這三大瑰麗場景，並在聖托里尼島嶼景觀牆體進行了 Mapping 光影演藝，將視覺的光影藝術美與新文化的潮流魅力展示得淋漓盡致。

在開場時，燈光會勾勒出聖托里尼島嶼的輪廓線，這棟在白天頗具異域風情的白色希臘建築，在夜間卻開始了一場奇妙變身，呈現出極具現代感的魔幻氣質。建築物被黑暗籠罩，

燈光在希臘建築的牆壁上以金線勾勒出一片古香古色的亭台樓閣，西方建築逐漸遠去，傳統東方中國的氣息撲面而來。一隻活潑可愛的小舞獅靈巧輕盈地跳躍出來，在樓閣頂端閃轉騰挪。它可是個有魔法的小精靈，古代中國的景觀隨著它的腳步不斷變化，一會兒身處白牆黑瓦的水墨江南，一會兒又會前往霓虹閃爍的現代中國都市。隨著小舞獅的不斷前行，危險的怪獸會突然出現，和小舞獅展開一場妙趣橫生的對戰，逗得孩子們歡笑不止。

小舞獅的奇妙之旅結束之後，燈光秀將上演一場充滿童心的馬戲團表演，動畫呈現出一幕幕奇妙的幻想馬戲團景象。與此同時，現場還會出現許多小丑演員，為觀眾表演精彩的雜耍與魔術，演員會和觀眾頻頻互動。如果是週末與節日，愛琴港還會有一場狂歡舞會，伴隨 DJ 和舞蹈演員們的熱舞，原本充滿古典韻味的愛琴港被現代年輕人的蓬勃活力裝滿，激情與狂歡的氣氛點燃了整個歡樂谷。

是的，歡樂谷的歡樂不僅在白晝，也不僅在溫暖的季節，即使是在這冬夜，也有大把的歡樂可尋。轉場看秀的過程中，若是感到了寒冷，背後便是飲品店，點上一杯溫暖的奶茶 ，稍坐一會兒，可以透過大玻璃窗觀賞如夢似幻的奇景。

光影與音樂為遊客營造出奇幻美好的體驗，走進歡樂谷就彷彿回到童年，走進夢境，讓心靈飛上夜空，與繁星起舞。

04

故宮冰窖
簋街
稻香村零號店
前門三里河
楊梅竹斜街
來今雨軒茶社

Beijing 美食

故宮冰窖

雪飛炎海
剎那變清涼

文　周嶺

小心台阶
Step carefully

戊戌盛夏的一天，友人邀我至故宮御花園內的漱芳齋一敘，我欣然赴約。我們一行老老小小，在漱芳齋裏盤桓了多時。這地方是當年乾隆皇帝退朝小憩之處，也是年節設宴與大臣們聯詩的所在，比那些一本正經的宮殿要親切得多。

從漱芳齋出來，已是中午了。驕陽似火，高大的宮牆，也擋不住三伏天的燠熱。友人安排了一個午飯的好去處，居然是宮裏的冰窖餐廳。

所謂的冰窖餐廳，就是利用宮裏當年藏冰的皇家冰窖開設的餐廳。從御花園沿著西路南行，過了隆宗門沒多遠即到。先説説外觀，一排四座，都是硬山式建築，房頂是常見的“捲棚”，俗稱為“泥鰍脊”。牆面均不開窗，券門開在南北兩端。進門沿台階下行十多步，涼氣拂面，暑氣盡消，不由得精神為之一振，好個清涼世界！

訪　冰

這裏的陰涼是自然生成的，並沒有空調之類。窖中很寬敞，東西牆間有 6 米多，南北長 11 米多，接近寬度的兩倍。最舒服的是舉架很高，從地面到穹頂的最高處有 5 米多，雖是半地下，卻毫無逼仄之感。

這個環境，很令人驚喜，落座之後，大家就迫不及待地要我說一說這冰窖的來歷。我因為一些特殊的機緣，進宮的機會比較多，所以知道的事兒也多一些，於是開說。

冰窖嘛，自然是藏冰用的。今天的人會不理解，為什麼要藏這麼多的冰呢？是啊，如今滿大街都是冷飲，無論冬夏，家家都有冰箱，自己也可以做。但是，不用往遠裏說，倒退 50 年，夏天用的冰，都是冰窖裏藏的。

冰窖藏冰的歷史很早，早到什麼時候呢？夏商周時代的先民就開始用“凌陰”藏冰了。所謂“凌陰”，就是早期比較簡陋的冰窖。周代“有冰人，掌斬冰”。這個“冰人”就是管藏冰和分冰的專職人員。

當然，越往後，這藏冰的事兒就越專業。三國時候的曹操，曾經修造了 3 個工程浩大的建築，號稱“三台”，分別是“銅雀台”“金鳳台”和“冰井台”。其中的“冰井台”就是專門藏冰用的。據説，每座冰井有 15 丈深。到了唐代，還是用“冰井”藏冰。後來的歷朝歷代，冰窖越造越專業，一直到明清。

我指著周圍跟大家説，這座冰窖，是北京城最年輕的皇家冰窖。什麼時候的呢？乾隆年間才建造的。宮外頭有好幾座冰窖年頭兒更早，像北海公園東門外的皇家雪池冰窖，是明代萬曆年間的老窖，被稱為“裏冰窖”。差不多時候建造的還有德勝門外的皇家冰窖，因為地處城外，被稱為“外冰窖”，等等。滿清接手以後，除了沿用明代的冰窖以外，又在海淀和前門外東珠市口北，新開了兩座皇家冰窖。

明清時候冰窖分為官窖和府窖，官窖專供皇家內廷用冰，府窖是特許極少數的功臣開的冰窖。清代 200 多年間，府窖只有 6 處：恭王府窖、肅王府窖、禮王府窖、慶王府窖、豫王府窖、睿王府窖。商民冰窖，要晚很多年，光緒年間才獲准開辦。

四座，为清宫藏冰之
呈南北走向，为半地
座冰窖东西宽约6米，
面以下约1.5米，存冰
四壁则先砌条石，
有拱门。
后半个月派差役于紫禁
的冰块，切割成一尺
坛庙祭祀以及宫廷夏
reign (1736-1795) in the Qing
were used to store ice blocks. The
roofs run from north to south to
Gate of the Thriving Imperial Clan
of up to 5,000 blocks of ice, each
six metres wide and around 1.5
floors were paved with stone and the
were laid atop to form the vaulted
the Ministry of Works
and thick ice blocks from places such
into cubes of approximately fifty
them to the storehouses. Ice blocks
altars and temples as well as for

菜上齊了，友人招呼著動筷子，説：“邊吃邊聊吧。”大家都聽入迷了，這才緩過神兒來。

冰窖餐廳的菜式，大概是沾了點兒皇家氣象，擺出來就很氣派。首先，餐具是特製的，擺盤很講究。菜呢？多數都冠以“宮廷”“御製”的名號，挺應景。印象比較深的，是那道烤鴨。孩子們圍在大師傅身旁數著，居然不多不少，108 刀。

打　冰

大家要求説回冰窖。我説：“你們知道這個冰窖能碼下多少塊冰嗎？”友人説：“幾千塊吧？”我説：“差不多。”據《大清會典》記載，“紫禁城內窖五，藏冰二萬五千塊”，所以每座冰窖藏冰的數量是五千塊。每塊冰的尺寸是一尺五寸，也就是半米見方。一個服務員小姑娘聽得很入神，不由得插嘴問了一句：“怎麼是五座呢？我們這兒只有四座呀？”我説：“不錯，當初建了五座，現存四座。”順便説説，很奇怪，宮裏的建築都有檔案，但這個冰窖是怎麼建起來的，卻是沒有記載。暢春園的冰窖是康熙時候建的，營造的數據很齊全，宮裏這幾座是仿的暢春園冰窖。比如説牆體厚度是三尺，也就是一米厚。台階、地面、內牆用的都是豆渣石。這豆渣石又叫作麥飯石，屬火山岩類的石料。藏冰融化的時候，豆渣石可以吸附、分解冰水裏的雜質、有機物、雜菌等，能防止水的腐敗。

“那冰都是哪兒來的呢？是造出來的嗎？”小朋友們繼續

發問。這個問題提得好，古人早就會造冰，用什麼呢？硝石。硝石一遇水就吸熱，所以古人夏天熱得受不了的時候，就把一個罐子坐在水池子裏，周圍放上硝石，然後往硝石上澆水，不一會兒，罐子裏的水就成了冰水了。但是，大規模的用冰就不行了，那得多少硝石啊？再說，成本也太高了。有一個更好的辦法，用了幾千年了。什麼辦法呢？冬天打冰，存起來夏天用，這個冰窖就是幹這個用的。

這冬天打冰可是要求很嚴的，首先要選擇最優質的水源。清代有個專管打冰的衙門，隸屬工部，叫作“都水清吏司”。先要由這個衙門在還沒有結冰的時候，考察積水潭、什剎海、北海、中海、南海以及由什剎海向東南流的御河等處的水質，然後由皇帝頒旨確定。選定地點後，冰窖監督和工部所派官員一起祭河神，接著開上游閘門放水沖刷，再關下游閘門蓄水，再就是等著結冰了。

打冰在冬至以後開始，最好的時候是三九，因為一九、二九冰還不夠堅實。基本上是整整一個臘月，每天打冰，直到把所有的冰窖全部裝滿。天氣夠冷的話，可以重複打冰三到四茬。這其中，第二、三茬冰的質量最好，結實、乾淨，可以吃。

每年要打冰了，由工部都水清吏司統一選派人手，由戶部撥銀子採購設備。給採冰人配備的除了皮襖皮褲、草靴鞍鞋和長筒皮手套，還有打冰的專用工具。一般的固定人員是 120 人，忙起來人手不夠了，還要加僱短工。為了讓冰凍得硬，打冰一定是在最冷的夜裏。並且，要從水中間開始打。

小朋友們緊張了：“人會不會掉到水裏去？”我笑了笑說：“所以啊，打冰是個技術活兒，不是誰都能幹的。那時候幹活的場所，都有立著的水火棍，誰要是出錯兒，就得捱棍子。”

打冰要按部就班，先是領工的用冰鑹在冰面上劃好一排排一尺半見方的格子，然後大家一字排開，按照劃定的尺寸，倒退著鑹冰。冰鑹是採冰人的重要工具，杆長六尺多，頂部鑹頭像矛一樣，有一尺半長，帶有倒鉤。打冰人要站直身子，雙手握住冰鑹，直上直下鑹冰。每鑹開一塊，就用倒鉤拖上冰面，交給後面的人用冰刀修齊，然後拖到岸邊裝車運去冰窖。同樣尺寸的冰塊兒在冰窖裏碼得整整齊齊，裝滿了就封口，直到夏天用冰的時候開封。

用　冰

用冰是每年農曆的五月初一到七月三十，宮裏的冰窖專供祭祀和內廷使用；海淀的官窖，專供圓明園和頤和園用；其餘官窖，給各衙門發冰票，大臣們憑票領冰。天最熱的時候，京城正陽門、崇文門、阜成門、安定門、地安門、朝陽門、東直門、西直門、德勝門、宣武門 10 門外以及東四、西四牌樓，東單、西單牌樓共 14 個地方發放碎冰，以供軍民消暑用。這種地方都扯著一面杏黃小旗，上面是 4 個大字：“皇恩浩盪”。

小朋友們又發問了：“那天熱的時候，皇上也在冰窖裏吃飯嗎？”我説：“他沒有你們這個福分，這個地方滿滿的都是冰，他進不來。他的宮裏有個盛冰的東西，叫作‘冰鑒’。注意，這個‘鑒’字，在這個地方讀‘汗’。是個什麼東西呢？古代的冰箱。最早是青銅的，曾侯乙墓就出土過冰鑒。”

明清時候，宮裏用的冰鑒已經改成老紅木的了。兩邊有提手，上面有兩片帶孔的蓋板。裏面掛了一層錫，是擱冰塊的地方，要隔水。怎麼用呢？先把冰塊放進去，再把需要冰鎮的水果或者飲料放在冰上，蓋上蓋板。蓋板上有孔，還可以散發冷氣。一個冰鑒，兩個用途，既是冰箱，又是空調。

這裏邊的冰能吃嗎？當然能吃，那個時候的湖水、河水都很乾淨。但宮裏吃的冰，是專門挖出來的池子，蓄好淨水，待結冰時打出來存在冰窖裏的。

古代人吃冰的花樣還不少呢，唐代已經有了“冰盤”“冰瓜”；宋代把果汁、牛奶、藥菊、冰塊調在一起，名叫“冰酪”；元代的忽必烈曾經把皇家冷飲“冰酪”賞賜給馬可 · 波羅。這時候，服務員又給每個人端上來一個小碗，説是皇家冰碗兒。打開碗蓋兒一看，啊！冰激凌！

冰窖餐廳裏，響起了一片笑聲。

籃街

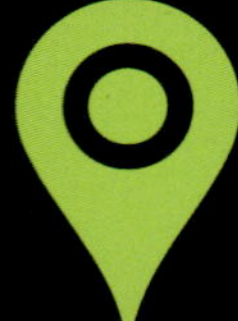

在舌尖跳動的
萬千滋味與真實人生

文　小歐

簋街
BING CHENG
簋街

小渔山
簋街仔仔

辣莊

簋街似乎總是屬於夜晚的。夜裏它神采奕奕，閃亮發光，而在白天的某個時刻經過它，卻好像變成了一個平常的街道，即使已近正午，街面店舖飯堂似乎都還沒有甦醒，直到又一個黃昏來臨，整條街道又再度成為“流動的盛宴”。

這裏確實有一種流動之感，流動的人群，流動的話語，流動的車河，流動的燈火。坐在出租車上，“師傅，去簋街。”然後你就什麼也不必管，不怕師傅不認路。而那條小街也總是堵得寸步難移，大多數時候司機將你放在路口，你要自己步行去往約定的地點。去時不怎麼容易，回時也難，聚會結束，已近凌晨，還沒有打車軟件的時代，在這條總是熱氣騰騰的小街上等著空車，需要靠運氣和耐心。

對簋街的記憶，是跟吃有關，但歸根結底，還是跟人生中不同階段一起吃飯的人緊密相關。多年未見的同學故友，約在這裏相見，想讓對方感受北京城二環裏的夜生活和煙火氣。加完班的深夜裏，和同事一起打車來到這裏，圍火鍋而坐，口腹飽足之際，遠憂近慮的知心話也都互相傾吐了出來。

這裏有著平民市集一般的熱鬧，記得花家怡園裏定時演奏的絲竹之音，小青島海鮮平價又新鮮的蝦蟹，金簋小山城沸騰的熱氣和人聲，胡大門口總是排著長隊，實在太餓就先去旁邊買一碗滷煮火燒……這些人、物、事，與吃到的食物，一起構成我們人生的一部分底色。簋街的歷史，也似乎和我們自己的時間重疊著。

這條街，最初只是被叫作東直門內大街，從交道口東大街東端到東直門立交橋西端，也就是在北新橋地鐵站和東直門橋之間，不到兩公里的區間。早年間的東直門內大街，遠沒有如今這樣繁華，也幾乎沒什麼夜生活。街道上最有名的，還是稻香村的東直門總店。東直門外相繼興建使館區和商貿區之後，有商業嗅覺的餐飲業經營者看到了這裏發展的可能性，二環內的街區慢慢開始有了活力。

最先在這裏開起來通宵餐飲的是曉林火鍋，那時還是叫曉林菜館，特點是凌晨不打烊。東直門附近使館區的工作人員發現這裏竟然能找到吃夜宵的地方，口口相傳，幾個月後，曉林菜館晚上的客人就比白天多了，東內大街上也聚集了當時北京少有的夜生活的人氣，成了夜宵一條街。接著，24 小時營業

的金鼎軒總店也在這裏開業，最初它的名字還叫金鼎酒樓，後來才改為金鼎軒，直到 2002 年因為街道周邊拆遷搬到地壇之前，它都是簋街人氣最旺的地方之一。這一次的拆遷，也曾經令人擔心簋街的人氣是不是要流失了，好在，簋街用它那自發的野生力量挺了過來。

而我已經想不起來自己最早是因為什麼機緣來這裏的，是否跟風行一時的“麻小”（麻辣小龍蝦）火起來有關？這條街上是什麼流行，什麼就興盛一時。“麻小”火了，於是一條街幾乎成為被“麻小”佔領的世界，人們戲稱“麻小”是簋街的圖騰。然後又是酸湯魚、水煮魚、烤魚、饞嘴蛙輪番上場……但“麻小”、烤魚和火鍋始終被稱為簋街的“三劍客”。簋街也是平民美食的風向標，這裏紅火的，很快也會蔓延到全城。

“麻小”的流行，大概要歸功於花家怡園舉辦的“麻小節”吧。坊間甚至還流傳著小龍蝦曾經拯救了簋街的傳奇説法。2002 年的那次拆遷，簋街 100 多家餐廳只剩下 40 多家，大批餐廳撤退，人們甚至覺得簋街再火起來的可能性極小。花家怡園的老闆組織留守的商戶舉辦了為期一週的“麻小節”，吸引了十幾萬人。吃“麻小”比賽中，一個 11 歲的小姑娘用 2 分鐘吃掉 30 隻“麻小”的英勇戰績一舉奪魁，成為趣談。

有媒體深挖過，簋街一度有至少 43 家餐廳在售賣“麻小”，位於簋街西側的胡大飯館生意最興隆，總店一晚約發出 600 個等位號。每天，胡大飯館大約會消耗辣椒 2000 斤，花椒 200 斤，麻椒 150 斤，大豆油 3000 斤，菜籽油、牛油各 400 斤，至少售出 6000 斤也就是 7 萬隻小龍蝦。而在“五一”“十一”這樣的小長假裏，這個數字甚至可以達到 1 萬斤。這需要 12 名工人從 8 點到 20 點一刻不停地對小龍蝦進行挑選，按重量分裝成不同等級檔次。然後胡大飯館的 30 多名燒蝦師，每天一起要將至少 3 噸小龍蝦加工成鮮紅油亮色的半成品。

簋街重新活起來了。

簋街新地標的建立，是在 2008 年北京奧運會前夕，東直門立交橋西側立起了“伯簋”雕塑。短短一公里多的街道，最興盛的時候有 150 多家商業店鋪，餐館佔了 90% 之多。晚上這裏燈火通明，滿街的紅燈籠、醒目的招牌、烹煎炸煮的食

物香氣。如果說什麼叫活色生香，這一番世俗景象便是最好的詮釋吧。

2016 年，簋街又經受了一次全面整治改造，街道面貌煥然一新。簋街西段、東段拆除違法建設 207 處，改造後人行道寬了 3 米多，樹也比以前多了，公廁改頭換面，附近的 3 個老舊胡同重新修排水佈線。

這是十幾年裏，簋街經歷的兩次較大的改造。雖然街面的店舖有增有減，這是在所難免的，然而它的江湖地位始終沒有被取代，甚至還緩慢地挺過了最艱難的疫情時期。

2022 年 1 月，一部以《簋街》為名的話劇將這人與店的命運在時代裏起起伏伏的故事搬上了舞台。主演們走進花家怡園、胡大總店的後廚，換上廚師裝束，將餐廳後廚當作排練場進行實景排練。

話劇《簋街》的故事就像是現實的投射。它講述了簋街第一家飯館 30 年間由起到落，又由衰轉盛的酸甜苦辣。而住在簋街的李家、金家等三代人的平凡人生，也與這家飯館緊密地交織在一起。作為話劇主角的“李一刀”，在副食店裏以切肉“一刀準”聞名。在改革開放初期他早早辭職，先後成了簋街第一個擺攤兒的人、第一個開酒盈樽飯館的人，同時又堅守著匠人精神，維護老手藝人的尊嚴和傳承。這條街上還有著“李一刀”的“死對頭”賣小龍蝦的“龍蝦一哥”等形形色色有趣的角色，讓整條街都活了起來。這部充滿京味文化的話劇，融合了戲曲、音樂劇、曲藝等多種元素，劇中的道具、服裝都很細緻，舞美充分放大了北京在不同年代背景下的風格與時代符號，從側面也可以看出簋街不同階段的變化發展、老北京世俗生活的一草一木，以及父子之情、鄰里之義、對美食和文化的守護與傳承，可以說，劇中的每個角色都可以在簋街上找到若干個原型。

撐起簋街的，還有這裏不能忽視的服務員、保安、賣花的人、代駕、外賣員等，他們都是努力討生活的人。正是這些形形色色的人，構成了真實的人生。

環境在變，市場在變，簋街上的生態也同樣在變，漸漸多了些年輕的網紅小店，咖啡、甜品、特色雜貨店等。打著旗子的導遊帶著成群結隊的遊客，也把這裏當作一個旅遊景點。時代的浪潮，一波波地湧動，簋街這個餐飲的江湖，依然還在續寫故事。

伯簋
伯簋，西周早期食器（约公元前1043年
This is a replica of BoGui,which was
in early Weste
商周时期簋是重要的礼器，有天子用
History records it was used to hold cooked food
Be

熟的饭食的器具。
ou 1043 BC).
记载。
ce ceremonies.
strict People Government

稻香村
零號店

蘸滿歲月甜香的
"小確幸"

文 盛蕾

“這次運來的圖書裏，可否夾帶一點稻香村的點心？我們都很懷念家鄉的味道。”

2021 年 7 月，在與大洋彼岸的英國北京聯合會李海會長商議“潮北京”2021 北京—倫敦雙城連線活動時，李海會長提出了這樣一個小小的請求。她説，英國主辦方這邊很多的華僑華人都來自北京，很渴望嚐一嚐家鄉的味道。

如果去問扎根異鄉的遊子：什麼東西最能夠攪動思鄉的情懷，安慰戀鄉的心靈？遊子們一定會告訴你：如果不能親見記憶中的故鄉，那必然是流連在唇齒間、帶著歲月氣息的家鄉味道——不管離開北京多久，不論相隔多遠，吃上一口帶著記憶的北京味道，那種家的味道就又回來了。這個感覺全人類相通，就像《尋找遺忘的時光》中的馬塞爾，在人生的某一時刻唇邊邂逅了瑪德琳蛋糕，從而擁有了幸福的童年回憶。

視覺裏的故鄉，也許會因城市的發展而改變模樣；但味覺裏的故鄉若還能傳承下來，那便是這方土地上的孩子們最為感動的生生不息的陪伴……

——熟悉的味道，從來都是安撫思念的靈丹妙藥。

清晨5點，在北京這座大都市將要隨日出甦醒的時候，有一群人已經趕在夜盡微明之前，忙碌在自己的工作崗位上了——北京傳統老字號稻香村製作點心的師傅們，此刻早已穿戴整齊，把醒發的麵團放在案板上進行揉搓切塊，烤箱預熱，準備開啟香氣撲鼻的一天了……

説起北京稻香村，好像沒有哪位長期生活在這座城市裏的朋友不知道它的存在。這個北京市民最熟悉，也最親民的京味點心鋪子，每個土生土長的北京孩子都吃過的大眾點心，在北京的大街小巷開有許多分店，散佈很廣，且均是前店後廠的模式，製作出來的點心十分新鮮可口，是這座城市的人們生活中不可或缺的陪伴——它始於1895年，至今已有100多年的悠久歷史，是有著深厚歷史積澱的民族品牌。

我去探訪的，是北京稻香村所有店舖中最為特殊的一家：它位於東四北大街152號，號稱是全北京鼎鼎有名的零號店，也是近期人氣興旺的食品類網紅打卡地。

它的特殊不僅在於它所處的位置——位於北京市歷史文

炮
帥
馬
車

化氛圍最濃厚的東城區。著名的新北京十六景中的“天安麗日”“紫禁夕暉”，以及雍和宮、國子監、太廟、社稷壇、古觀象台、鐘鼓樓、文天祥祠、北大紅樓都圍繞在它的周圍……

它的特殊還在於它的情懷：1984 年 1 月，北京稻香村南味食品店第一營業部整裝復業，當天雖寒風凜冽，但京城的街頭巷尾重新飄來的久違的糕點香氣仍然讓百姓們排起了長長的隊伍……我此次探訪的北京稻香村零號店位置，正是復業第一家門店舊址。

走進零號店，感受也是特殊的：這家店雖然不大，但是氛圍感極強。走進這裏，猶如走進了一道時光之門——迎面是古色古香的清代宮廷建築及文化的傳統國畫元素，傳統懷舊的文化氛圍讓人宛如穿越。入門後的正中央是糕點文化展示區，經典糕點的擺盤、稻香村典籍、製作工具陳列都讓人耳目一新。一些與中國傳統糕點緊密相關的文化元素勾勒出傳承的脈絡，如象徵高升和如意的祥雲圖案，在北京稻香村糕點模具中經常使用，傳達了美好祝願；還有在製作糕點時常用的重要工具“走錘”，被巧妙地設計成燈具及隔斷；特別是北京稻香村的棗花酥、牛舌餅等明星產品也成為了裝飾中的重要元素，被做成了靠墊和掛飾，增添了更多趣味性。正後區是傳統記憶展示區，有古色古香的牌匾、景繪街道、放置著棗花酥抱枕靠墊的休閒木長椅等，讓人彷彿置身於時光走廊，停駐在昔日記憶裏。右側是糕點製作參觀區，兩位衣著整潔的大師傅現場製作

糕點，讓人食慾頓起，口水也在舌齒間打轉兒。烘焙互動區則有飲品製作區和休息區等——不愧是零號店，這裏已經成了承載民俗、美食、文化、城市記憶的所在。

我對北京稻香村最初的記憶，是 20 世紀 80 年代。當年最讓尚在年幼的我激動的就是手中那串紅彤彤的冰糖葫蘆，最讓人喜悅的就是逢年過節父母帶回家的用細牛皮紙繩捆好的、用油紙包裹著蓋著紅戳兒的點心——那是過節時，或者走親戚時才能享用的美味，是兒時口中最甜蜜踏實的記憶。在今天的稻香村零號店，這樣的回憶依舊能找到安放之處，那些蓋著紅戳的傳統點心，像一把把回憶的鑰匙，在心裏打開了溫馨的童年記憶之門……

從 20 世紀 90 年代末至今，目光所及之處，就能看到前店後廠充滿親切感的北京稻香村門面房，這是我們當年做學生時經常光顧、可以輕鬆享用的美味。而今，在離我當年的大學不遠處的零號店，點心的品種也發生了翻天覆地的變化。

“這是我們零號店的產品最特殊的地方：除了保留傳統點心的記憶，我們這裏的師傅們拿出大量的時間和心血革新和創造了新的款式和口味，”店員自豪地告訴我説，“我們這裏很多的點心品種，在別的稻香村門店裏是買不到的，完全獨創。”

我看了一下品種單，分成了“傳統記憶”“北京胡同”“現烤月餅”“國粹京劇”“創意味稻”“中國象棋”“紫禁花開”等七大類糕點，將中國傳統文化、北京特色和世界糕點的潮流元素融合得別有一番風味。“傳統記憶”裏的牛舌餅保持了稻香村一貫的傳統口味，而“北京胡同”系列裏的“柿柿如意”這款點心，外形像柿子，內裏的餡也是用柿子做的，能瞬間讓人想到北京秋天紅彤彤的柿子掛滿枝頭的獨特風光。“芝士蛋黃酥”則將世界潮流糕點的寵材芝士融入了傳統的蛋黃酥裏，如果把剛烤好的點心趁熱撕開，還能拉出軟軟香香的芝士絲，口

感相當令人幸福！

我最愛吃的是“門牌胡同”——一款現做現賣的古舊紅牆顏色的紅絲絨奶油蛋糕。我去的時候，正逢大師傅們在透明的操作間給這款剛烤好的蛋糕中間塗抹奶油，切塊，然後在每一個小塊蛋糕上，用篩子篩下“東四北大街 152 號”的獨特標識……看到此番景象，我連忙掏出手機掃碼購買，拿到手後趁著新鮮，迫不及待地在休息區坐下，輕輕取下一塊兒放入口中，那種綿軟清甜的舒適感頓時在舌齒間瀰散開來，奶油入口即化，配上咖啡或者飲品，若再有知心好友在旁，絕了！

除了現烤點心，北京稻香村零號店裏還有專門的創新的茶水吧，可以現做各種飲品——聽說“牛舌鮮乳茶”是爆款，好奇心驅使我馬上點了一杯。店員提醒說，這是用牛舌餅內餡同款食材做的。我更加好奇到底會是什麼滋味，但拿到後一口喝下去，味覺立馬被刷新了——這個口味非常獨特，它竟然是椒鹽兒味的！生平第一次嚐到這個味道的奶茶，好奇寶寶們可以踴躍一試。

零號店除了這款獨特飲品，還有“玫瑰鮮乳茶”“棗泥鮮乳茶”“五仁鮮乳茶”等。這款“五仁鮮乳茶”我要重點說說，它顛覆了我對五仁月餅望而卻步的恐慌記憶。這款材料做成了奶茶後居然格外香醇好喝，真是意想不到！這個店裏的每款鮮乳茶都可以做成熱的或者冰的，還能加珍珠、燕麥、青稞等很多小料，可以把不同的口味照顧得很好。

零號店現烤的“文房四寶綠豆冰糕”也很有意思——仙筆、宣紙、硯台，以及“濃墨巧克力醬”，作為顧客的我們還可以在剛烤好的綠豆糕上自己塗醬，想寫什麼都可以。這是點心和食客的另類互動體驗。

象徵著“紫禁花開”的百花餅，一共 6 個口味，送給穿著漢服的姑娘們一定很浪漫吧？“國粹京劇”系列送給我爸爸這樣熱愛京劇的老人家，也一定會博得他的開心喝彩吧？還有極有個性的“中國象棋”系列：不同餡料的大帥餅、將軍餅、神車餅、戰馬餅……每塊兒都沉甸甸的，造型神似象棋——家裏若有愛下棋的老大爺或是送給他的棋友們，會很酷的吧！

這家店也很適合帶著父母一起來，古樸的氛圍、新奇的糕點和飲品，還有可以堂食的桌椅，以及滿滿的懷舊氛圍……來這裏，品味的不只是舌尖的甜蜜，更多的，是一份蘸滿了歲月味道的“小確幸”：在縈繞的甜香中，與親人團聚，與摯愛的朋友團聚，與時光中的自己團聚……

前門三里河

胡同人家
臨花照水水穿巷

文　毛路

説起前門，恐怕很多人首先想到的是大名鼎鼎的前門步行街和後起之秀北京坊。不過今天我要給大家介紹前門的另一個“寶藏”之地——三里河。北京有兩條三里河，一條在阜成門外，因地處京城西部，被稱為西三里河；一條在東城正陽門外珠市口東大街，正是今天要説的前門三里河。

前門步行街有一條岔道，叫鮮魚口老字號美食街，從這條街的東口出來，穿過前門東路，就能看見一組賣魚塑像。順著雕像往南走幾步，就會發現自己彷彿穿越到了江南水鄉——這裏就是三里河公園。一條小河貫穿公園南北，夏天的時候，碧波盪漾，荷花盛開，錦鯉暢游池底，野鴨嬉戲其間。

緊挨著公園入口處，有家叫“茶魚”的飲品店。在逛公園之前，你可以先去那裏喝上一杯茶飲。天氣暖和的時候，店家會在室外擺上桌椅。你可以一邊喝茶，一邊欣賞河道裏逍遙自在、活潑可愛的錦鯉，愜意十足。他們家的飲品，我最喜歡的是“滿杯紅柚”，真材實料，酸甜適中。

喝完茶，順著小河往公園深處走，會發現這並不是一片傳統意義上的公園。園區裏保留了很多老胡同住宅，經過翻修維護，跟公園美景融為一體。我曾帶著一位外國朋友參觀這裏。他感歎道：“哇，居然把胡同建在了公園裏，太有創意了！”我笑著糾正他：“是把公園建在了胡同裏，先有胡同，再有公園！”他更覺得不可思議，能在胡同區規劃出如此別致優雅的公園，負責這個項目的團隊一定非常厲害。這片區域還有不少古建築：江西新建會館、江西豐城會館、安徽涇縣會館、福建汀州會館南館等。

國內第一家雜誌圖書館、被評為 2019 年度北京十大最美書店之一的“春風習習”就藏在三里河公園內。純木色的大門別具一格，像一個嵌入房間的盒子。圖書館門前就是小河，隆冬時節，河水結冰，許多家長帶著小朋友在河裏玩耍，嬉笑聲不斷。推門走進圖書館，世界立刻安靜下來。裏面的客人要麼靜靜地翻看雜誌，要麼默默地喝咖啡發呆，參觀的遊客被這種氛圍感染，説話也會壓低聲音。

晚上的公園也很值得一逛。夜幕降臨，樹木上纏的燈帶亮起來，置身其間，所有的疲憊和煩躁一掃而光。

逛完公園，可以去公園附近的西興隆街轉轉。這條街平時清幽安靜，卻藏著不少獨立咖啡館、小酒館和創意餐廳。我最中意的兩家餐廳，一家是位於 108 號的“席上喳喳”，另一家是位於 53 號的“粵溪菜館”。

記得我兩年前第一次路過“席上喳喳”，從外面看，很像一家文藝的咖啡館，進去之後才知道是家餐廳。強烈推薦他們的香腸臘肉洋芋捲和牛肉湯粉。

我猜老闆是位音樂迷，店裏放著不少音樂雜誌，以放克（Funk）為主。這裏偶爾還會有 DJ 駐場。夏天的時候，我喜歡約上好友，來這裏聽著音樂小酌幾杯。他們家的雞尾酒頗有特色，不同於一般用威士忌、金酒或伏特加等洋酒做基酒的雞尾

酒，這裏主要以米酒為基酒，價格實惠，清爽可口。

這條街上有一家名氣很大、店面很小的咖啡館，叫“大小咖啡”，位於 60 號。這家咖啡館裝修得非常藝術，大門是玻璃加金屬，室內有一扇捲簾門作為背景牆，上面印著咖啡、茶飲的種類和價格。到了晚上，那扇捲簾門可以拉開，後面是整牆的酒櫃，擺滿了各式金酒。而咖啡操作台化身吧台，像變魔術一般，搖身一變，這裏就變成了一家金酒酒吧。由於空間比較小，客人們都圍坐在吧台，就算是陌生人也會很自然地閒聊幾句，跟一般的酒吧相比，這裏少了幾分嘈雜，多了幾分溫馨。

楊梅竹斜街

熱鬧與安靜
都恰到好處

文　毛路

初中畢業的那個暑假，我第一次來北京旅遊，站在大柵欄路牌下，用洪亮的聲音唸出大柵欄（dàzhàlán）。同去的小夥伴説，是大柵欄（dàshílànr）。當時我還不服氣，非要跟小夥伴打賭。最終小夥伴不僅贏了我一串糖葫蘆，還把我嘲笑了好久。後來我定居北京，機緣巧合住進了大柵欄社區。雖然家對面就有和平門菜市，但我總愛步行十幾分鐘，去楊梅竹斜街附近的菜市買菜。我喜歡穿梭在北京老胡同裏，感受那種煙火氣。

這天陽光明媚，我提著菜籃子出了門。買好了菜，我還想再逛逛，便把菜寄存在菜店老闆那兒。轉個彎，就到了楊梅竹斜街。這條街是一個非常獨特的存在，不同於其他遊客如織的“網紅街”，它是一條充滿生活氣息的街道。咖啡館、雜貨店、

皮具店、小畫廊、陶瓷坊、古玩店、服裝店等就開在居民住宅旁邊，既不過度喧嘩，也不過於冷清，有種恰到好處的熱鬧。夏天的傍晚，總能見到滿口京腔的老人聚在街邊乘涼、聊天、下棋。

推開一家叫喜劇商店（Comedy）的咖啡館大門，年輕的咖啡師嫻熟地做著咖啡，一位清秀的姑娘端著兩杯咖啡往樓上走。跟咖啡師聊了幾句，才知道他就是這裏的老闆，那位上樓的姑娘是他的合夥人。

我點了一杯香草檸檬冰美式咖啡。姑娘給我上咖啡的時候，我忍不住問："你們為什麼叫'喜劇商店'？"姑娘笑笑說："其實取這個名字就是機緣巧合。從選址、裝修到開業，這一過程中剛好遇上疫情，對，就是剛剛好。對我們來説，在逆境中生長，製造美好，就是一場喜劇。向死而生，野蠻生長。”

更準確地説，這是一家集咖啡、茶飲、輕食、膠片攝影於一體的文化互聯空間，會定期舉行各種活動，比如脱口秀、花咖會等。店面雖然不大，他們卻很奢侈地在座位之間留出了綠植的空間。角落裏還有一張單人專座，如果你獨自來這裏，又不想跟人拼桌，可以選那個專門為“社恐”設計的位子。

微信響起，打開一看，是一位朋友問我今天去不去辦公室。她所謂的“辦公室”，其實是楊梅竹斜街 39 號的 Soloist Coffee Co.，我倆都是自由職業者，常常去這家咖啡館幹活兒。Soloist Coffee Co. 二樓的咖啡桌不像一般的咖啡桌那麼矮，而是和辦公的寫字台一個高度，久而久之，我們乾脆就稱 Soloist Coffee Co. 為“辦公室”。

得知我就在附近，她邀我過去坐坐。我們會合後，朋友問我知不知道魯迅先生在紹興會館 7 年多的時間裏，他日記裏記載去得最多的地方是哪兩處。我説：“有一處好像是琉璃廠，另一處就不知道了。”她指了指窗外説：“就是對面的青雲閣！魯迅最喜歡去那兒喝茶、會友。”接著朋友一臉神秘地問道：“北京喝茶的地方那麼多，你知道魯迅先生為什麼選擇青雲閣嗎？”我還等著她細細道來，結果她只説了兩個字：“順路！”

“就這？”

Soloist Coffee Co.

ESTD MMXII
COFFEE CO

朋友點點頭說：“對啊！琉璃廠東街就挨著楊梅竹斜街西口。”

朋友繼續說道：“青雲閣是清末民初北京高級綜合商業娛樂場所，集娛樂、購物、飲食、品茶於一身，是文士、官員、商賈、貴胄的消遣之所。康有為、譚嗣同、梁啟超、魯迅、梁實秋等名人也常來。蔡鍔也是在此結識小鳳仙……”

半個小時很快過去，朋友該工作了。告別了朋友，我突然覺得有點疑惑，青雲閣看起來那麼小，當年怎麼能成為綜合商業娛樂場所？我趕緊上網查了查，得知它其實是座轎子樓，主廳不在街面上，只是在南北各伸出兩條像轎杆一樣的狹長的通道，正門位於大柵欄西街，北門位於楊梅竹斜街。我恍然大悟。

我被一所民宅吸引了，它沒有招牌，木門半掩，上面貼著一張手繪風格的地圖，畫風特別可愛。這條街臨街的居民住宅一般都會掛上“居民住宅　請勿打擾”的牌子，而這家沒有。懷著好奇心，我走了進去，穿過一條走廊，又來到一扇門前面。門關著，門鈴旁邊寫著“請按門鈴”，像是無聲的邀請。按下門鈴，門開了，一位慈眉善目的大哥站在門後。聊了幾句才知道，這裏是做古陶瓷修復的，可以進去看看。

我跟著他走了進去，一進門是個小型展廳，裏面掛著古陶瓷修復素人藝術家們的照片，照片前的展台上放著修復好的瓷器。再往裏是寬敞的大廳，中央就是工作台，上面放著一些陶瓷器具和修復陶瓷用的材料以及工具。大哥姓王，熱情地向我介紹不同的陶瓷修復工藝，還讓我坐到工作台前，親自體驗用

金剛鑽在瓷片上打洞。這是我第一次見識到俗語“沒有金剛鑽別攬瓷器活”裏的金剛鑽到底長啥樣。

臨走我對王大哥説：“有一個很俗的問題想問您，希望您別介意。你們怎麼贏利？”王大哥笑了，告訴我他們的收入主要是靠文創，這裏只是一個展示空間，“對面 35 號的採瓷坊才是我們正兒八經的店面”。

很多古瓷已經破碎得無法進行修復，藝術家們根據古瓷片上面的圖案與各種手鐲、項鏈等首飾結合，讓這些零散的碎片重新煥發生機。這裏所有的小飾品都是不會重樣的“絕版”。

從採瓷坊出來，咕咕叫的肚子提醒我該回家做飯了。去取菜的路上，路過位於楊梅竹斜街 133 號的尼岔土家民族菜飯店。沒忍住，進去打包了一份“下飯沫沫鴨”。回到家裏，蒸好米飯，做了香菇油菜和番茄雞蛋湯，搭配“下飯沫沫鴨”，開吃！

來今雨軒茶社

在時光裏重逢的入口

文　葛競

来今雨軒
最難風雨故人來
莫放春秋佳日過
时间
19:00

從中山公園的正門進入，沿東側長廊曲折北行，那古柏群旁，古樸典雅的四廊八柱式傳統建築，就是來今雨軒茶社。

來今雨軒建於 1915 年，由北洋政府內務總長也就是中央公園的創始人朱啟鈐創辦。來今雨軒的店名取自杜甫《秋述》中的序言“秋，杜子臥病長安旅次，多雨生魚，青苔及榻。常時車馬之客，舊雨來，新雨不來”。中國古人常常把詩中的“舊雨”與“新雨”分別比作故交和新友，來今雨軒之名，也就包含新舊好友來此間歡聚之意了。

來今雨軒黑筒瓦歇山頂捲棚屋面，紅磚房，有廊柱，房內有地板和護牆板，是典型的民國式建築，建築面積 481 平方米。今天，來今雨軒茶社還在原址的位置，來今雨軒飯莊則在 1990 年從原址遷到了公園西側的杏花村新址。

民國時期的文人墨客，各界“大拿”都喜歡來這裏喝茶談話，囊括了大學教授、企業家和文藝界人士。這裏的經營者不無自豪地説，那個時候能叫得出來的名人，幾乎都來過這裏，周作人、郁達夫、林語堂、張恨水等曾是這裏的常客，來華訪問的聲名顯赫的美國哲學家杜威，也曾是來今雨軒的座上賓。那些名流高士常常就這麼不聲不響地坐進來，叫尋常客人進門都要嚇一跳。

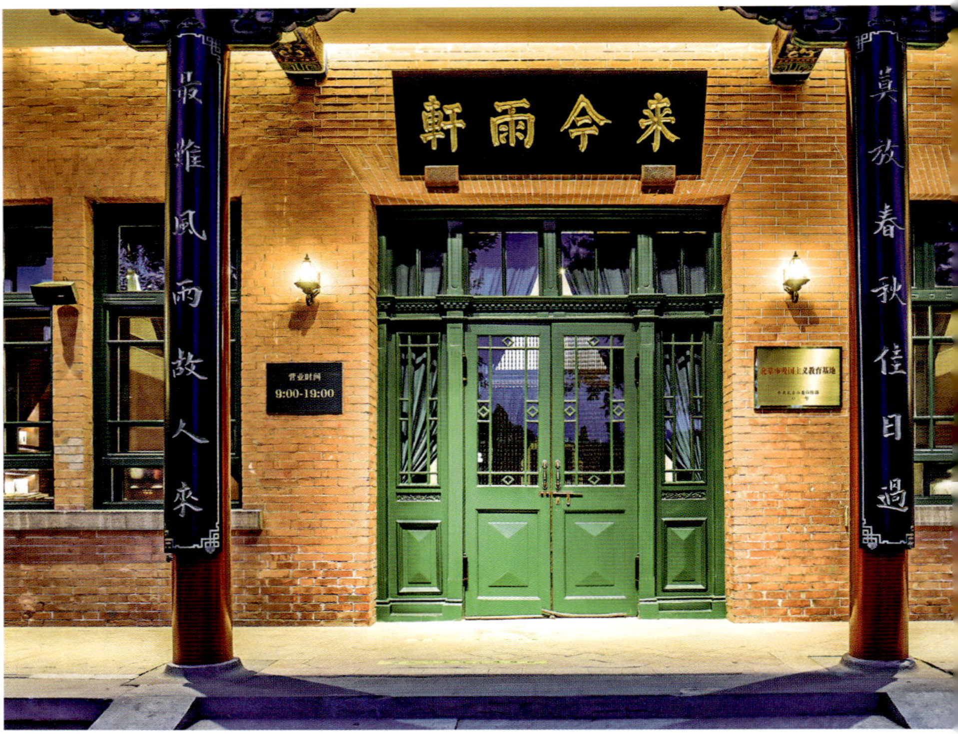
来今雨軒
最維風雨故人來
莫放春秋佳日過
营业时间
9:00-19:00

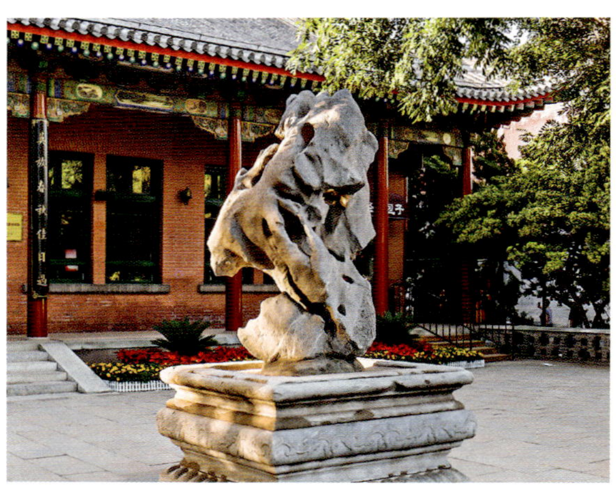

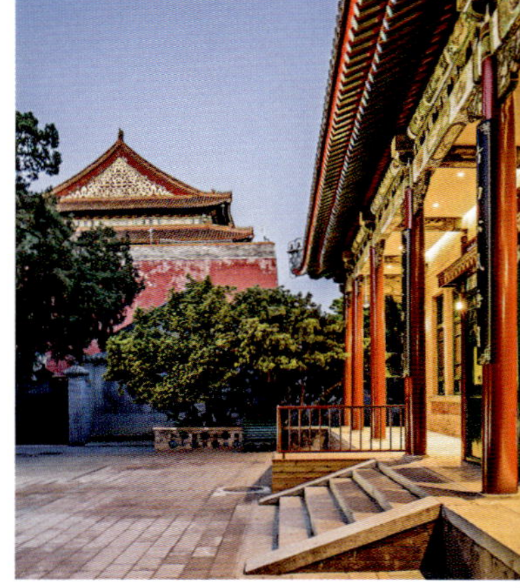

百年櫛風沐雨，儘管已經歷了多番修葺，工人們還是儘可能保留了來今雨軒的歷史風貌。這裏看似寬敞隨意，裝潢卻十分講究，古色古香裏還矜持地帶了一點文人氣。

進了門，左右兩側懸掛著一副對聯，鐵畫銀鈎，筆走龍蛇，上書“莫放春秋佳日過，最難風雨故人來”，為著名書法家華世奎先生的手筆。

此間的裝潢，盡顯中西合璧的藝術魅力。樑柱盤龍，窗櫺雕花，疏影橫斜，暗香浮動。日光融融映照著，穿透小塊玻璃拼接起的窗戶，叫人想起西洋教堂裏的彩色玻璃畫。一樓方方正正擺了 9 張桌子，桌面收拾得齊整、潔淨。從前會有大朵牡丹，馥郁雍容地斜插在花瓶裏。倦了的時候，還可倚在門口兩棵清涼的柏樹下小憩。據説，魯迅先生當年翻譯《小約翰》的時候，就曾在這些柏樹下歇過晌。

説起來，魯迅先生當年可是來今雨軒的常客。他的學生許欽文曾在文章《來今雨軒》中寫過，某年某月，兩人在來今雨軒見面，魯迅先生點了一盤冬菜包子，自己只吃了一個，因為許欽文的家中比較貧困，魯迅先生便將包子推給他説：“這裏的包子可以吃，我一個就夠了，其他就由你包辦吧！”

如今，魯迅先生成了來今雨軒包子的“代言人”——來今雨軒的經營者將這句話印成了明信片，一個卡通的略顯嚴肅的魯迅先生，邊上俏皮地寫著：“這裏的包子，可以吃！”

先生説能吃，那來此一趟，就必須嚐嚐。

來今雨軒的包子白而暄軟，每個外皮上都規規矩矩地排滿了 26 道褶子。熱騰騰端上來時，就像 5 隻精緻的小鳥籠，胖乎乎地擠作一盤。

冬菜的醃製要經過 20 多道工序，再細碎地炒上肉臊。師傅們改良了包子餡的配方，使它吃起來嫩而微甜。包子的外皮則是少有的老肥發麵，因而咬上去頗帶一點嚼勁。再佐以 4 樣精緻小菜，黃瓜、佛手瓜，黃綠切絲，胡蘿蔔相間，吃起來爽口又解膩。

店裏不光有包子、茶水，還有各種京味小食與西式點心：小桃酥橢圓的肚裏，加了黑芝麻和核桃碎，金黃酥脆地鋪了一盤，看著就叫人食指大動。豌豆黃圓墩墩，煞是可愛，小心夾起一塊，果然入口即化，豌豆的醇香可以在齒間停留很久。此外再點上一壺店裏特有的茉莉甘露茶，茶味甘香，茉莉香氣會飄出好遠，帶著點甜。

這裏剛開業時，生意算不上多紅火，只是一些上年紀的老顧客懷念從前那一口兒，特地趕來捧場，後來不知是誰率先將包子圖發到了網上，這鳥籠樣的包子和充滿 20 世紀風味的老茶社瞬間就火了。年輕而熱情的顧客絡繹不絕，甚至有人開了倆鐘頭的車，大老遠專門跑過來買包子、嚐點心。

這裏還是一處紅色景點。2020 年 3 月，來今雨軒被確定為 31 處革命舊址之一。原來，來今雨軒除了是民國時期鴻儒名流的聚會之所，還是中國共產黨早期在北京進行革命活動的重

要場所。陳獨秀曾在此為《北京市民宣言》奮筆疾書，李大釗等人則在此倡導成立了少年中國學會。遙想當年，這些覺醒年代的愛國者會集於此，一壺清茶相伴，或是全神貫注地讀書看報，或是同學少年揮斥方遒。

在這裏，少年中國學會改組委員會曾向廣大人民發佈過一張調查表，上面有這樣一句提問：你信仰什麼？一位湖南青年回答：我個人信仰共產主義。表上的另一個問題是：你在關注什麼？那青年又寫道：我關注中國的農民問題。不久後，他就去到廣東組織了一場浩大的農民運動。這個人，就是年輕的毛澤東。

如今，這張調查表的複印件還好好地保存在來今雨軒的照片牆上。

一夜窸窸窣窣的落雪，眼前銀裝素裹，叫人夢回昔日的北平。閉上眼睛，彷彿還能見到高朋滿座的盛會：風雨如晦，雞鳴不已，生逢其時，何其幸甚！得與列位賢達共商救國之策，共灑丹心碧血。

如今，戰火紛飛的年代已然過去，多番修繕過的來今雨軒新奇而多元。論時光年輪，這裏本該是一個從上世紀走來的老派茶社，可它給人的感覺始終文質彬彬，又有點低調的時髦。

因為周邊有小學和中學，所以常常有孩子來參觀，他們帶著問題，嘰嘰喳喳地，探聽著曾在此處發生的鮮活的故事。為了更多地挖掘來今雨軒背後的故事，這裏的運營者還逐步推出

“我與來今雨軒的故事” 徵文活動。

來今雨軒與很多人生命中的重要時刻有過碰撞，不少人家裏的長輩都曾經到這裏來喝茶，吃著剛出鍋的冬菜包子，悶了便找地兒滑旱冰，日頭底下牽著小輩的手，買一串裹著琥珀色糖衣的山楂串，再悠悠走進茶社。呷一口茶，吃一塊點心，聽老北京的吆喝聲，徐徐從街邊溜過。

老北京從前的茶社，夥計們都是能認人的，熟客進門熱絡得好像回了家。著名小說家張恨水先生曾去四川避禍，一年後回到北京，再踏進來今雨軒的門檻時，夥計們仍能熟稔地打著招呼。他剛剛坐定，一壺熱騰騰冒著白汽的茶就上了桌，不用嚐就知道，是張先生最愛喝的那種。

隔著百年光陰裏盪滌的烽煙，那些曾經熠熠生輝的人，以及更多的叫不出名字的人，就是這樣平靜而從容地生活著。

列松如翠，窗櫺透過明淨的日光。正好有一對老夫妻安然坐在一旁，不經意間，就聽到了他們的故事。老先生滿頭白髮卻精神矍鑠，他不疾不徐地回憶著倆人當年是如何在這裏見面，如何訂了婚，又如何相攜走過風雨飄搖的幾十年。而另一側的窗沿下，一位年輕的母親將孩子抱在膝頭，軟語呢喃，歲月可親。

一張來今雨軒的名片安靜地躺在桌上。

“您在這裏所聽見嚐觸的一切，是我們在時光裏重逢的入口。”

05

國家植物園
溫榆河
亮馬河國際風情遊
大運河森林公園
綠心公園

Beijing

國家植物園

它有四時之美
最宜步行體味

文　小歐

作為一個博物愛好者，這些年我去植物園的次數遠超過任何別的地方。年復一年，我去得越多，就越覺得自己看得還不夠細緻。我們在北京近郊，在西山腳下，能擁有這樣一座豐富的園林，是如此的珍貴。

最先吸引我的，是那些古老而蒼勁的大樹。我印象中第一次為一棵巨大的懸鈴木所觸動，就是在這裏。冬天萬物衰減，脫盡樹葉的懸鈴木，枝幹清晰地顯現出來，最低處的分枝，都遠遠高過人的頭頂，幾棵高大的懸鈴木，望過去就像伸展著粗壯的臂膀，穩健、可靠。而曹雪芹故居門前的三兩棵國槐，樹幹已經中空，失去了木質部，僅靠著韌皮部堅強地存活，一個個夏天依然滿披著紛紛綠葉，令人讚歎。我拍下了它們在春夏

秋冬四個季節裏不同的樣貌，在我看來，它們幾乎擁有與人類同等的性靈。

臥佛寺內也古樹成蔭，兩株樹齡在 800 年以上的古銀杏樹種在三佛殿東西兩側，株高近 20 米，幾人合抱才能合圍，秋天樹色變得金黃，映襯著同樣被照亮的紅色大殿。院落裏還有一棵國槐，樹幹粗壯，像古柏一樣樹瘤虬結，沒有標注年代，但也是一級保護的古樹。側殿外的老皂莢樹，清代栽種，約有 110 年樹齡，樹根像一隻穩健的大腳，緊緊地抓住土地，樹皮光滑，枝幹上則是披荊帶刺。還有七葉樹，開散的枝條如冠蓋，為寺院投下陰涼。早春來看臥佛寺的蠟梅，於蠟梅幽幽的香氣中，聽著迴盪在空曠廟宇裏的鐘聲，意境也覺深沉幽遠。

接著，我的眼睛在植物園裏所看到的便越來越多。春天，我在這裏仔細地觀察過一對銀喉長尾山雀養育雛鳥，牠們在白花山碧桃和紫葉李交織的樹林裏穿梭，互相用輕微的聲音鳴叫著聯絡，不時銜回蟲子塞進嗷嗷待哺的幼鳥嘴裏。幼鳥們已經離巢可以獨自飛行了，牠們棲息在紫葉李橫伸的枝條上，頭尾交錯，擠擠挨挨，身上羽毛的著色與紫葉李的色彩相呼應，幾乎融在一起，好奇的目光還在盯著樹下的我。

山桃的盛花期，只有三四天的時間花開得最好。引水石渠兩邊的山桃樹，幾乎是齊刷刷地得到信號，破芽而出，步調一致地開出柔美的花朵，令人慨歎。而遠方背景裏的西山，高處山坡上也開著一小蓬一小蓬如煙花一般的山桃花。

我還喜歡寂靜少人的玉蘭林，林下的野草隨著季節一輪一輪地生發，先是附地菜、二月蘭、地黃、點地梅，然後是絹毛匍匐委陵菜、夏至草、抱莖小苦蕒、大花野豌豆、泥胡菜，再晚一些是遍野的田旋花、打碗花。樹林裏到處散發著各種香氣，不只是花香，還有地上的青草、幼葉的清香。玉蘭花開過了，接下來便是鵝掌楸的花期，黃金杯一般甜美的花朵，密密地掛滿了枝頭。

初夏彷彿是由布谷鳥開啟的，走在澄碧湖畔，四聲杜鵑的鳴聲始終伴隨，幾乎沒有一刻的停歇，能夠聽出大概有三四隻杜鵑在不同方向的密林裏呼應。在固定的一個林地，其中一隻好幾次返回到這裏，那聲音如此貼近、如此清亮，就在頭頂，像一股甜甜的細流從上空灑下來，我沐浴其中，卻在濃密的樹冠裏找不到牠。

秋天有風來，就有了純淨的空氣，有了色彩和光。一棵棵欒樹明黃燦爛，樹葉彷彿是金箔的質地。水杉遠望一片枯黃，那並不是變枯萎了，近看羽葉是非常鮮亮的橙色，這也是屬於大地的色系。沿湖的元寶槭樹姿豐盈，它的樹色是橘黃、橙紅。

在這裏看北方冬季的樹影，有著無數種形態，剛毅、柔韌、蜿蜒、遒勁……在嚴酷時節裏，依然有種種為生存而做著各種努力。遠山被夕陽投射過來的綿長柔光映照，山巔籠罩在薄薄一層柔和的緋紅色裏，冰面反射著最後一抹微光，溫黃如蠟質。

這樣的時刻幾乎無法述盡。植物園的四時之美，便是在這不同季節裏一次次的步行中體味到的。

北京周邊有著豐富的自然資源，它的北部是燕山山脈，西部是太行山餘脈，有低山植被、高山草甸植物帶，有豐富的華北野花，然而距離也相對遙遠，通行略有不便，而這座地處香山附近的植物園，離市區很近，成為人們親近自然最容易到達的地方。

在園林古跡眾多的西北郊，成立於 1956 年的植物園算是相當“年輕”的一處，但依然有秀麗的風光與深厚的歷史。園內除有臥佛寺、梁啟超墓園、曹雪芹故居外，還有一處碑林，收集諸多碑刻，大部分也是墓碑。園內的三座碉樓，是清乾隆年間為平定川西金川地區叛亂所建。

整個植物園都坐落在山谷中，有山泉流過，面積廣闊，400 公頃的園子裏，植物非常豐富，收集展示的各類植物達到 10000 餘種（包含栽培品種），被規劃成碧桃園、丁香園、木蘭園、宿根花卉園、海棠栒子園、梅園等。而樹木園也分成了銀杏松柏區、槭樹薔薇區、椴樹楊柳區、木蘭小檗區。還有一個很大的熱帶植物展覽溫室，曾經被評為北京 20 世紀 90 年代“十大建築”之一。

我們現在所享有的，都是當年幾代植物人的努力。植物園規劃建設時期，也是國家的發展時期，其間也因為資金困難，建園工作時續時停，經歷了艱難曲折的過程。當時這裏除了基本完好的臥佛寺，幾乎一片荒涼，前期治理河灘，修建櫻桃溝道路，修建蓄水池、調節池，打機井，植樹造園，等等，投入了很大的人力物力。可以説，植物園是平地而起。

水在植物園裏相當重要。早年間，由於地下水的匱乏，櫻桃溝水源日漸枯竭，天然溪流景觀面臨消失，著名的“水源頭”處已多年沒有了泉湧的景象，溪流沿線的豐富植被由於缺少水源而面臨著衰減的威脅。植物園的設計中做了引水工程，西山通往玉泉山的引水槽，在櫻桃溝中有一段是完整保留著的，於是將其修繕通水，恢復了櫻桃溝中“水源頭兩山夾徑，小徑如線，亂水淙淙，深入數里”的景觀效果。水順著天然溝谷而下，滋潤著谷底的天然植被，植被的恢復與保護有了保障。

湖區是整個植物園的核心，它極大地改善了植物園原有的生態環境，增加了水生動物和植物的生活空間，使這些生命有了生息和繁衍的場所。這也得益於人工湖和環繞在園區裏的溪流，高低不同的湖面由小溪、淺潭相連，湖邊地形起伏，湖岸曲折有致，舒緩的草地伸展到水中。前人的營造，才有了現在山水相依、自然和諧的視野。

走在這蓊鬱的園林中，櫻桃溝溪流潺潺，高大筆挺的水杉在頭頂織成溫柔的綠幕；更遠處青藍的山影層次分明，湖畔時常能見到梭魚草、千屈菜、水蔥、馬蘭，小鸊鷉在湖水中自由自在地扎著猛子捕食小魚；林中小徑起起伏伏，清淺的溪水在河道中歡快地奔流，這一幕幕充滿生命張力的動人圖景，即使最遲鈍的眼睛，都能看到其中一二，並為之讚歎。在山谷裏走一走，身體中的那個自我似乎又隨著步速而緩慢地復原，精神在行走中也漸漸地飽滿起來，心裏感到寧靜和滿足，飽吸了山氣和植物之氣，才抵得了接下來勞碌的生活。

溫榆河

串聯起
長城"關"與運河"系"

文　王毅

熟悉北京歷史的人都知道，歷史上的北京從來都不是一個缺水的城市。且不說“海淀”“什剎海”“西海子”這樣的地名，能夠讓人遙想水窪遍地的風景；單是頤和園昆明湖畔的銅牛、地安門萬寧橋的石螭，就足以證明：當初北京的水，已經大到需要神獸震懾的地步了。只是近年來人口增加，工業發展，用水量激增，北京迅速變成了缺水型城市。實際上在北京，要玩水，想通過水系河流追憶歷史變遷、品味人情風土，地方多得很。

溫榆河是北京很有特色的一條水系，雖然沒有大到像永定河那樣被稱為北京的母親河，也沒有像大運河一樣串聯南北溝通古今，但是溫榆河卻應該是北京人最熟悉、最親近的一條河，因為它最像是北京的“親孩子”。

溫榆河是北京唯一發源於本市境內且常年有水的河流。昌平軍都山裏的泉水匯聚，涓滴成流，淌成小溪，一路向東向南，沿途不斷吸納支流，最終在通州匯入大運河。溫榆河成名已久，但是它的支流，近年來名聲更盛。

在立水橋以東，溫榆河接納了最大的一條支流——清河；而滋養了北京大學、圓明園、清華大學的萬泉河，則是溫榆河支流的支流。德勝門學院路附近的小月河，香山、玉泉山附近的北旱河，這些城區西北部的水系最後都是匯入了溫榆河。

出昌平，過海淀，進朝陽，溫榆河又接納了壩河。現在北京人對西壩河、東壩、亮馬河這樣地理位置的了解，更多是來自對房地產項目的研究，但是在元明清時期，這裏是以漕運河道聞名的。等溫榆河流到通州，先民們把它導入北運河，連同小中河、通惠河、減河等打造成五河匯聚之處，溫榆河與北京的“關係”，就完整起來了。

溫榆河最大的特色，是向南連接了北運河，與大運河文化帶一脈相承；向北連接了長城文化帶，流域中有居庸關這樣的雄關險隘。2020 年 9 月正式開園的北京溫榆河公園，恰好是位於溫榆河主河道的中間位置。距離上游的長城和下游的大運河，都是三四十公里。這裏地跨朝陽、順義、昌平 3 區；交匯溫榆、清河兩河，30 平方公里的園區，是首都北京最大的"綠肺"。公園具備很多城市功能，比如生態涵養、環境修復、蓄滯洪水等，也兼顧了文化、休閒、健身等多元功能。不過與其他大面積的郊野公園不同的是，在溫榆河公園，大家能夠獲得一個更廣闊的歷史視角、更悠遠的思古幽情，也會像梁實秋、老舍、史鐵生那樣，更愛北京。

三面環山的北京，歷史上戰事頻繁。遊牧民族和農耕文化不斷地撞擊、融合，書寫了燦爛的中華文明。其中濃墨重彩的兩筆，一筆是長城這一撇，另一筆是大運河這一捺。兩筆人類的大工程，構成了中華大地上的一個"人"字，二者交會之處在北京，而串聯起這兩項人類歷史上最宏大的工程的，就是這條溫熱流淌、生生不息的溫榆河。

長城是防禦，是對抗，是保護；運河是溝通，是串聯，是融合。長城並不是落後生產力的代表，封閉和防禦不是落後，恰恰是"先進"和"繁榮"的保證。就好像現在，有強大的國防，才能有和平發展與經濟增長。長城與運河是生存與發展兩塊基石的代表，構成了我們民族的豐富性，也共同鑄就了民族自豪感。

長城和運河，還很好地註釋了漢字中的“關係”二字。“關”，是山海關、嘉峪關的關，是“一夫當關，萬夫莫開”的關；而“系”，是絲帶、布帛、線繩，是維繫連接的“系”。這兩個字暗合了長城與運河的精神內涵。

溫榆河公園裏比較難得的是特意打造了一處“松雲華蓋”的堆築地形。在園區北部，用河道疏浚的泥土和之前的建築廢料堆山造景，供遊人登高遠眺。天清氣朗、碧空萬里之時，北眺西山起伏，南瞰平原無際，河流蜿蜒，追思古今，感慨良多。

公園裏小景無數：蟲鳥鳴棲、農田層佈、島池套疊，各種妙處無法一一描述。北京的城區越擴越大，所謂郊野公園也越來越像是城市公園，茶餘飯後或者週末休閒，到這裏享受一段美好的家庭時光，亦不快哉。

溫榆河公園有四季美景，有歷史底蘊，有園林小品，有宏大格局。網紅打卡地，等你來“拔草”。

亮馬河
國際風情遊

盪漾在流光溢彩中的夜航船

文　葛競

北湖桥

北京的水系總格外令人心嚮往之，河流連接起了紅牆綠瓦與宮苑街巷，連接起了皇城氣派與民間煙火。早在元代，京城的河流上就可見遊船的蹤跡。眺望北京的河流，水光之間，似乎還能望見當年皇家遊船的倒影。而如今，京城的水上游已經成為人們新鮮又著迷的旅程，水中的倒影也不僅是古香古色的亭台樓閣，繁華絢爛的都市燈火也為它塗抹上了流光溢彩。

日落時分，我漫步在亮馬河風情水岸，準備搭乘遊船開啟“朝花溪拾”大型都市行進式夜遊之旅，城市街景、主題燈光表演都是這次旅程的重場戲。

亮馬河在數十年的歲月沉澱中，已經成為北京最具國際風情的區域之一。它源出東北護城河，穿越使館區、朝陽公園，匯入壩河，是第一批國家級夜間文化和旅遊消費集聚區之一。這場光影與水波間的旅程，既能舒緩身心，又能在航程中領會濃厚的歷史感與文化氣息。

轉頭望去，燕莎碼頭獨具特色的半圓形鏤空建築中，北京老大爺們自發組成的樂隊正在演奏著樂曲，橙紅色的光暈灑在他們身上，駐留的行人、河中悠閒的鴨子都是這場音樂會的聽眾。樂聲中，太陽漸漸落下，精心佈置的燈光將整個河畔勾畫得晶瑩剔透，燈光灑在被風吹皺的水面，一艘小船緩緩駛入碼頭。滿懷期待坐上小船，耳邊響起溫柔的解説聲，微微搖晃的船兒帶領我們啟航，兩旁河岸的煙火氣越來越遠，熱鬧和喧囂都歸於靜謐，眼前只能看到墨色般的天空和波光粼粼的河面。

今日夜遊的第一站是盛福健步橋的繩幕光影秀，潺潺流動的光幕為夜色中的小橋平添一絲靈動生機，橋下掛著密密的繩子形成幕布，投影照射其上隨著動人的旋律跳動，伴隨著奇妙的音韻。看著眼前呈現的奇幻世界，每個人都被不斷變化的影像所吸引，光影交錯間繩幕勻速向兩邊收攏，就如同舞台上對開式的幕布宣告表演開始，歡迎我們進入夢幻光影世界。

緊接著，小船來到建成於 21 世紀初的鉑宮閘室，名為“星河”的國內首個閘室光影演藝開始了。它以中國十大傳世名畫之一的《百駿圖》為線索，在封閉的閘室內通過投影製造了一

個駿馬主題的夢境空間。

亮馬河歷史悠久，水草肥美風景如畫。皇家曾於此設御馬苑，每當需要使用馬匹時就會在這裏清洗、晾曬，久而久之便被稱為“晾馬河”，逐漸演變成“亮馬河”，清朝著名畫家郎世寧的名作《百駿圖》就是取景於此。表演分為“如夢”“覓馬”“行船”“濱水”“幻景”5個篇章，以御馬侍衛的第一視角娓娓道來，用唯美的光影講述亮馬河的前世今生和大運河文化帶的深厚底蘊。

投影演繹著北京、朝陽以及亮馬河的故事。闇室內有輕輕波動的水聲。習習涼風中，感受一段深厚的歷史，一會兒是奔騰的駿馬，一會兒是雄偉的長城，宛如徐徐展開的捲軸，夜航船有了文化脈動。

緩緩穿過麥子店街橋，橋內拱門在五彩斑斕的霓虹燈中變幻著色彩，繽紛的光影倒映在泛著層層漣漪的河水上，讓人陶醉其中。遠處一抹藍一閃一閃的，那是名為“流螢”的朝陽公園路橋光影秀。進入其中抬頭看，無數條光纖自然下垂如夢如幻，藍色與黃色的光纖燈交錯著，一瞬間彷彿置身於梵高筆下流動的星空畫卷，曾經遠在天邊的星星今夜觸手可及，即使身處城市也能像是漫步在一片無限的星海裏仰望天空。在這裏就像置身於夏夜，被點點閃耀的繁星與飛行不定的螢火蟲所包圍，有溫暖的風吹拂髮梢，似乎還能聽見隱約的蟋蟀聲。

離開那片星月夜抵達藍港人行橋，它的右側為藍色港灣國際商區，左側是二十一世紀大廈。被現代都市包圍的亮馬河橋體在光影中呈現出未來科技感，兩旁的步道和綠蔭被彩色燈帶勾勒出輪廓，小船如同在燈河中漂浮，水光交融璀璨奪目。橋下的立柱上有兩雙機械眼在互動交流著，似乎在用它們自己獨特的視角，展望屬於亮馬河的光影視界。

沿著河流向前行駛來到安家樓路橋，遠遠就看見這裏水霧瀰漫美不勝收，似夢似幻的霧氣在激光的漫射中，隨著音樂的節奏跳動閃耀呈現出夢幻般的畫面，在風與光的作用下，就如同秋天清晨被陽光反射著的霧氣，像個頑皮的精靈施展魔術，揮動著奇幻的紗幕，讓周圍恍如仙境美輪美奐。

遊船移動，景觀不斷變化。安家樓路橋底的立柱是由不規則的鏡面拼接而成的，6 根立柱兩兩相對整齊排列，隨著光影流轉交叉反射著光束，彷彿進入了一個時空隧道，銀色的鏡面和彩色的光柱充斥眼前。在這裏我們遊走於現在與未來，寄情於現實與夢想。晃盪的船隻往前來到退水渠橋，橋南與橋北都建設了頗具特色的光影藝術裝置。橋北矗立著寫著“亮馬河”3 個大字的燈牌，旁邊是一台播放著影像的唱片機，喇叭上的畫面隨著音樂節奏的起伏而變化，畫面上是飛舞的蝴蝶，它的名字是留聲，“蝶語風吟，雋永留聲”；橋南是空靈唯美的光影陣列表演——“蝶舞”，兩岸的草坪上停歇著巨大的彩蝶，它們發著光在音樂聲中緩緩扇動翅膀，好像下一秒就要飛向天空。這一瞬間充滿生機的春天在眼前呈現，有花朵散發清香，也有枝丫破土而出。

再往前是朝陽公園的荷花湖，湖上矗立的北湖橋將湖面一分為二，橋身被繽紛變換的燈光點亮，為黑夜增添一份色彩。橋旁是設計新穎的朝陽明珠——中心島貝殼劇場，劇場的造型是一顆躺在蚌殼中的璀璨珍珠，珍珠上絢麗多彩的影像代表了始末輪轉、生生不息的美好意境。北湖橋與貝殼劇場交相輝映，在寧靜祥和的荷花湖裏共同繪製了一幅自然和諧的共生畫卷。至此夜遊步入尾聲，遠處的岸邊有三三兩兩的行人，或嬉戲打鬧或流連駐足，靜靜向前的小船如劃破了一池碎銀，使河面向外波動。

船隻停靠在藍色港灣碼頭，這場沉浸式的演藝和遊船體驗結束了，“染映東西兩岸的綠水，承載風雨滄桑星塵萬象”。城市因水而生，因水而興。亮馬河國際風情水岸的“朝花溪拾”打造了頗具特色的夜間景觀新模式，它帶給遊客“輕舟夜賞亮馬河”的美好體驗。同時，在這個項目的設計中始終貫穿環保低碳理念，光影秀全部選用環保節能的燈具，多運用散弱光鋪陳手法使光線指向水面或散逸於天空，讓我們能舒適地欣賞美景。遊船選擇了綠色無污染低噪聲的電動船，船身可變的燈光設計以及時尚的造型，本身也成為亮馬河上一道獨特的風景線，船行緩緩似有似無，宛若在無聲的夜夢中穿行，編織著光影新世界。

夜景如畫，燈帶映照水岸，河畔高大建築紛紛點亮，跨河橋變幻著不同的色彩，岸邊燈光和河中倒影互相映照，共同描繪著美麗的京城夜色。

遊船在暮色中起航，一路行經命運共同體廣場、中日交流中心以及二十一世紀大廈等地標建築，最終駛入朝陽公園荷花湖。我們到達了本次航程的終點，但依然意猶未盡。

亮馬河在燈光的映襯下變得格外絢麗，如夢似幻，都市光影與京城河流共舞，春夏秋冬的四季之美似乎都在水波中閃動。

大運河
森林公園

水波溫柔處
有密林繁花

文　小歐

如果在日常生活起居的周邊有一條河，那麼我們對“附近”的理解一定會有些不同。

曾經有一段時間，當我很想與大自然貼近的時候，我就去往大運河森林公園。週末起得足夠早，騎行將近一個小時，就到達了公園的核心地帶。

清晨的運河，讓人感受到的美，不是某棵樹、某段水域、某片野花所散發的局部之美，而是屬於它們所形成的一個整體。當從主路進入運河沿岸，耳邊那永不間斷的車河的噪聲，忽然被一種廣闊的寂靜所取代。向東方凝望過去，整個城市被一種淡淡的有著光亮的藍色晨霧所籠罩。天光微明，地平線處開始有了一線紅霞，而這層紅霞上方的天空，還是均勻的青紫色。接著，這一大片青紫慢慢地被稀釋、溶解，變成了灰藍、灰白，紅霞卻越來越濃烈，太陽忽地從這混沌的青紅中騰升而起，遠處的樓層成了黑色的輪廓和剪影，裝飾著天際線，順著光，建築也都被染上了一抹暖紅——這個時候，會發自內心地感慨，幾乎沒有什麼比在這曠遠的運河邊目睹一次日出更值得

的事情了。

接下來的晨間，運河兩岸濃蔭的柳樹、槐樹，呈現出的綠意是一種柔和水潤的綠。大運河緩慢流淌，與藍天相映，像一條藍色的沒有盡頭的綢帶。積雲聚攏得多起來，以肉眼可見的速度移動著，也投在河水上。所見皆是清透的光，映在河面、橋洞、路邊金光菊的花蕊上。這樣的晨間寂靜顯得稀有而難得，流連於此，人會覺得精神飽足，心神舒暢。

有時還能看到許多的水鳥。在春天和秋天的兩季候鳥遷徙季裏，運河裏來的鴨類尤其多。冰雪消融的時節，除了一冬都在這裏的綠頭鴨、小鸊鷉，普通秋沙鴨、花臉鴨、赤膀鴨、羅紋鴨、鵲鴨也相繼飛來了，白秋沙鴨、斑嘴鴨、鳳頭潛鴨在湖心島附近游來游去。有水的地方，就意味著有食物的來源，這裏是牠們在漫長遷徙旅途中短暫停留休憩的補給站。而樹林裏，有珠頸斑鳩、大斑啄木鳥、白頭鵯等藏身在密葉間。牠們分明在提醒我，這個城市不僅僅屬於人類，也屬於許多野生動物，牠們的家園就與我們相鄰，我們不應該忽視牠們。

有時候，即使我沒有時間去，想著不遠處有這樣一條緩緩流淌著的清澈的河，心裏也是踏實的。這讓我感到“附近”沒有消失。“消失的附近”是人類學家項飆提到的概念，他説，由於網絡的發達和各種技術的騰飛，我們對“附近”的概念逐漸模糊，我們的時間由原來的線性整體變成了一種碎片式的分割，我們會追求一種及時性，我們對生活中的“附近”，也就是生活的關注會降低。

大運河就是我的“附近”。確切地説，這裏是京杭大運河在北京通州區的一段。在北京地圖上，向東看過去，沿著運河，兩岸像繡上了細細的綠線，那是鬱鬱蔥蔥的樹影。運河也改變了城市的肌理，周圍現在漸漸發展成了城市副中心。大運河森林公園就位於大運河北端張家灣鎮與潞城鎮交界處，夾運河而置，河道全長約 8.6 公里，水面的寬度達到了 200 米。這裏保留著兩處古代濕地，河岸林蔭也很寬闊，植有 200 多種樹，恢復並延續著古代運河的風貌。

古時這裏的樣貌是什麼樣的呢？北京市通州區文物管理所原所長周良先生曾經考據，在《通州區行政區劃地圖》上，大運河周邊明明白白地標有 4 座以“林”“樹”為名的村莊，即運河左岸的“儒林”（原名儒家林）、“陳桁”（原名陳家桁）、“蕭林”（原名蕭家林）和右岸的“榆林莊”。“榆林莊”榆樹很多，青黃不接的時節是四周窮人捋榆錢用以充飢的救荒樹。“陳家桁”初名也稱作“陳家林”，因為此處林密，樹的主幹長得直且勻稱，是建房用作檁條的好材料，也是遠近聞名。

這 4 個村莊，都是古代運河經常沖決堤岸之處。為護漕保運，明朝派官吏於易決口處附近植樹造林，以備及時就近滿足護岸堵口所用大批木材的需要，並加以防火防盜的管理，漸成一村落，就以負責造林和管理的官吏姓氏為名。這些村莊的名

字見證了通州大運河段兩岸曾經有著一片片人造樹林的歷史。運河兩岸栽植樹木的傳統至明、清仍然被繼承，通州大運河兩畔，始終有繁茂的密林保漕護岸。

如今的大運河森林公園設計者是北京園林設計研究院原副院長檀馨。通州運河寬闊的河水和堤岸，在北京獨一無二。因此，大運河森林公園也體現了“以綠為體，以水為魂，林水相依”的理念，在兩岸設計了六大景區，由北至南依次是潞河桃柳、月島聞鶯、叢林活力、銀楓秋實、明鏡移舟以及高台平林，再現了大運河古已有之的林木風貌。

野趣在這裏處處可見。從南門進去，公園裏有許多高大的白皮松、油松、國槐等喬木，間雜著冬青衛矛、金葉女貞這些小灌木。林下的野花一季一季地也多有變化，春天，遍地的蒲公英、二月蘭開得燦爛欣榮。運河是整個公園的中心，兩岸景觀依河而建，柳樹的枝條在岸邊搖曳，倒映在河中，整條運河宛如一幅美麗的畫卷。近河處也有山桃、海棠、紫葉李、榆葉梅、丁香等開花的樹，迎春花、棣棠和連翹這些灌木長成低矮的一道綠籬。

夏天是伴隨著水邊千屈菜、黃菖蒲靈秀的小花而來的，盛夏的荷花、睡蓮開在濕地中。蘆葦蕩濕地是大運河森林公園最有特色的景觀，一片翠綠，生機盎然。曲折起伏的木棧道縱橫交錯，嵌在濕地之中，隔一長段距離，又有可休息望遠的觀景平台。這裏就是叢林活力景區的“風行蘆蕩”。

古代通州有“文昌閣十二景”，其中有一景叫“風行蘆蕩”，留下了“舫依蘆荻千層白”“兩岸蘆花一釣船”這些優美的詩句。“風行蘆蕩”不僅再現了昔日運河“兩岸蘆花一釣船”的景致，豐富的水生、濕生植物也營造出了一幅現代的濕地自然圖景。這裏是一個大自然共生的網絡。濕地是一個小型的相對穩定的生態系統，蘆葦能夠淨化水質，多種蛙類、鳥類和魚類在這裏棲息繁衍。

秋天，水岸邊和園內道路兩邊時常有一叢叢石竹、金光菊、大花金雞菊、紫苜蓿、草木樨。蘆葦長到 2 米多高，行走在其間，人都幾乎被隱藏，只能透過金黃的葦葉隱約看見兩側景色。秋天是金黃色的，騎行在運河河畔，看著陽光在下午和黃昏之間的層層變幻，最後落日盛大的光輝，將整片河道點染得宛若熔金。

這是一片令人珍惜的水域，也是北京城東部一個巨大的“綠肺”。大運河森林公園以及附近的城市綠心森林公園、潮白河濕地公園等綠色空間，成為了動物們的天堂。北京城市副中心愛鳥會時常聯合大運河森林公園以及像貓盟 CFCA 這樣的公益組織，在這裏舉辦“大運河自然觀察課”。這裏有水，有樹，有灘，有農田，可以説是融合了華北農田、疏林、濕地、草地等多種典型生境類型的真正的天然公園。而它又不僅僅是個公園，更是一個野生動物的安身之地。孩子們會在這裏認識到：北京真正的自然，長得是什麼樣的。

綠心公園

感受四季輪迴的時間之美

文　王毅

先民對於自然從敬畏到認識，從害怕躲避到掌握規律，逐漸達到了天人合一的和諧境界，也逐漸形成了傳承千百年的農耕文明。北京的很多公園都有四時之美，春花秋月，荷風梅雪。而最直接地以季節更替、歲月輪轉為主題的公園，莫過於天、地、日、月 4 壇了。如今北京又多了一個了解節氣、四季、時代的好去處——北京城市綠心森林公園。

打開副中心的規劃圖，能夠清楚地看到，城市綠心是在北運河與六環路的交叉點上。綠色的六環路是創新發展軸，藍色的大運河是生態文明帶。藍綠交匯，帶動發展，綠心公園的位置得天獨厚。這塊綠寶石一樣的公園建成之後，會有 4 個頤和園那麼大；即使是 2020 年 9 月底開園的一期只有 593 萬平方米，也有兩個朝陽公園大小。郊野公園能為遊客提供健步騎行的開闊場地以及比城區公園豐富的自然野趣。而在綠心公園裏，人們還能沿著五角星形狀的園中步道，細細體會二十四節氣的自然知識和附著了時光包漿的深厚歷史文化。

星形步道的一周是 5.5 公里，二十四節氣環佈在公園的星形園路兩側。一圈走下來便如同走過了一年，四季輪迴，生生不息。星形步道的設計非常用心，不僅讓人們在走路騎行的時候，有左轉有右轉，有方向的變化，更是用星形表示，人類對時間的認知，就是從日月星辰的隱耀升落開始的。所以體會“綠心”公園，也可以從“綠星”步道開始。新疆民豐曾經出土過一片織錦護臂，上面用錦線織出“五星出東方利中國”的字樣。這表明了古人很早就開始觀測天文，了解天體的運行規律。太白、歲星、辰星、熒惑、鎮星 5 顆星星，在日出前同時出現在東方，是罕見的天象，古人把這視作吉祥的象徵。五星聚合一般要幾十年甚至上百年才出現一次。在中國大地上

能夠觀測到這種天象，上一次是 1921 年，下一次則可能會是 2040 年。

想講述星星的故事，可不僅僅是火星叔叔馬丁、400 年前的都敏俊，中國的故事更加光芒閃耀。

中國是世界上最早進入農耕生活的國家之一，農業生產要求有準確的農事季節，古人觀測天象非常精勤，所以古代天文知識有極大的發展。晝夜交替為一“日”，月相盈虧循環為一“月”，而“年”的概念，則是來自莊稼成熟，《說文》裏面就解釋：“年，熟穀也。”日積月累，歲月流轉，先民把日子過得也越來越精細。在商代和西周前期，一年只有春秋兩季，後來才出現了冬夏四時；節氣也是先有了春分秋分、冬至夏至二分二至，慢慢才在長期的生產實踐中逐步認識了物候規律，把一年分為了 24 個節氣。

沿著綠星一路走過 24 個林窗，可以在節氣環的石雕上，看到描述每個節氣物候的文字。文字之外，周邊的環境也是根據不同節氣栽種的不同植物，再點綴以景觀小品，人們能夠全身心地體會到節氣變化，季候更迭，天人合一。比如大雪節氣區種的是松樹，正所謂：欲知松高潔，待到雪化時。而知春小亭的區域，則寓意著東風送暖，春水解凍，水鳥先知春意到；走到荷花水淀就知道是在夏季，葭蒼丹柿彰顯的是金秋豐收的盛景。

在《史記．天官書》裏曾經講：“辰星之色：春，青黃；夏，赤白；秋，青白；冬，黃而不明。”四時星辰的顏色都大不相同。牡丹粉、松霜綠、苔綠、佛手黃，四季植物的顏色變化，也還原了時間的秩序。行走綠星步道上、身處草木間，感受季節流變，這不僅是中國傳統智慧的一脈傳承，更是生活體認感悟的古今相通。

歲月流淌，時代變遷。幾十年前，這裏是通州區重要的工業區，是化工廠、造紙廠、鋁業公司集聚的地方，如今變成了生態公園、城市綠心。東方化工廠曾經是北京東南部重要的工業企業，在全國的丙烯酸及酯類產品生產行業中，堪稱規模最大、品種最全、質量最優，是當時通州區乃至北京市的利稅大戶。在世紀交替的幾十年裏，工廠提供了產品，也提供了就業崗位，更在一定範圍內形成了某種集體文化。當工廠拔地而起的時候，人們看到了富裕的希望；當工廠被綠地取代的時候，人們享受了美好生活。留下來的工業遺址承載著幾代人的回憶，講述著時代的變遷。

工業遺址也是公園中很值得打卡的地方。現在來到綠心的人們可能不熟悉東方化工廠或是通州區的歷史，但是人們的記憶裏或許留有改革開放之初的印象。二八車、紅豆冰棍、黑白電視、平房雜院，粗茶淡飯間湧動著對未來的期待，空氣中也瀰漫著躍躍欲試的衝勁，那是一種春風吹拂帶來的萌動。轉眼幾十年過去，迅猛發展的城市也該緩一緩腳步好好收拾收拾生活環境了。化工廠、鋁業公司、造紙廠，都完成了它們的歷史使命，退出舞台、退出城市，讓渡給綠地公園，這樣的謝幕，優雅而美麗。

走過一年的節氣輪迴，看過幾十年的產業興衰，在綠心公園，還能感受到千年的歷史沉澱。公園坐落在大運河畔，數百年來運河水澆灌了兩岸的稻穀莊稼，運輸了南北的木材磚瓦。即使是工廠企業當初的選址，也是依託了運河的排污淨化功能。只不過人類的發展，讓運河貢獻了太多，承載了太多。在工業遺址景區旁邊，公園特意保留了運河故道，疏浚清理之後，架設石橋，建起碼頭，最大限度還原運河的特色景觀。當然園內的河道只是涓滴細流，略具意味而已。真正寬廣的大運河在公園北側日夜流淌，安靜的時候似乎能聽到隱隱水聲，感受到古老的運河在輕身健體吐故納新之後的清新暢快。

2020 年 9 月剛剛開園的城市綠心森林公園很年輕，千百年的歷史文化很厚重。但是在這裏，輕靈與厚重相得益彰，古樸與生機交相輝映。人們可以在遊覽漫步的狀態下追古思今，也可以在感慨歷史變遷之後，依然有放鬆的心情。

城市綠心森林公園的美，附著了時間的力量，是時間之美。

責任編輯　張　梅
封面設計　a_kun
書籍排版　楊　錄

書　名　潮北京：北京網紅打卡地攻略（精選本）
編　著　北京廣播電視台
出　版　三聯書店（香港）有限公司
香港北角英皇道 499 號北角工業大廈 20 樓
Joint Publishing (H.K.) Co., Ltd.
20/F., North Point Industrial Building,
499 King's Road, North Point, Hong Kong
香港發行　香港聯合書刊物流有限公司
香港新界荃灣德士古道 220-248 號 16 樓
印　刷　寶華數碼印刷有限公司
香港柴灣吉勝街 45 號 4 樓 A 室
版　次　2025 年 5 月香港第 1 版第 1 次印刷
規　格　16 開（170 mm × 230 mm）320 面
國際書號　ISBN 978-962-04-5700-5
© 2025 Joint Publishing (H.K.) Co., Ltd.
Published & Printed in Hong Kong, China

本書中文繁體本由北京出版集團有限責任公司授權三聯書店（香港）有限公司在中國內地以外地區獨家出版、發行。